深圳市盐田区项目式学习成果系列

基于 3SE 模型的
中小学 STEM 教育探索

陈尚宝 主编

广西师范大学出版社
·桂林·

图书在版编目(CIP)数据

基于3SE模型的中小学STEM教育探索/陈尚宝主编.—桂林:广西师范大学出版社,2020.8(2022.1重印)

(深圳市盐田区项目式学习成果系列)

ISBN 978 – 7 – 5598 – 2868 – 2

Ⅰ.①基… Ⅱ.①陈… Ⅲ.①科学知识–教学研究–中小学 Ⅳ.①G633.72

中国版本图书馆 CIP 数据核字(2020)第 090247 号

出 品 人:刘广汉
责任编辑:刘孝霞
助理编辑:吕解颐
装帧设计:王鸣豪

广西师范大学出版社出版发行

(广西桂林市五里店路9号　　邮政编码:541004)
(网址:http://www.bbtpress.com)

出版人:黄轩庄

全国新华书店经销

销售热线: 021 – 65200318　021 – 31260822 – 898

山东临沂新华印刷物流集团有限责任公司印刷

(临沂高新技术产业开发区新华路1号　邮政编码:276017)

开本:690mm×960mm　　1/16

印张:17.5　　　　　字数:268 千字

2020 年 8 月第 1 版　　2022 年 1 月第 2 次印刷

定价:58.00 元

本成果来自以下基金项目

全国教育科学"十三五"规划 2018 年教育部重点课题《基于 STEM 教育理念的跨学科学习模式区域实践研究》（课题编号：DHA180363）

广东省教育科研"十三五"规划 2018 年重点课题《核心素养视野下的中小学课程整合区域实践研究》（课题编号：2018ZQJK011）

序　言

在新科技革命驱动下，注重培养科学、技术、工程与数学等领域复合型人才的 STEM 教育，逐渐成为 21 世纪教育改革的最强音。近几年，一些主要国家密集出台新的教育战略，将培养 STEM 人才作为优化产业结构、振兴经济以及提升国际竞争力的重要手段。我国近年来颁布的《全民科学素养行动计划纲要实施方案（2016—2020 年）》《教育信息化"十三五"规划》《中国教育现代化 2035》等重要文件，也对开展跨学科（STEAM）教育，提高学生科学素养，以及开展项目式学习做出了相应的安排。在这种背景下，以跨学科教育为主要特征的 STEM 教育逐渐成为各地教育改革的热点话题。

深圳市盐田区位于我国改革开放的南大门，地处深圳市东部，是深圳市东部湾区门户和"东进战略"支点。对于未来，盐田区提出了建设宜居宜业宜游的现代化国际化先进滨海城区的目标。在现代化建设中发挥基础性、先导性与全局性作用的教育，也为这一战略目标的实现做了充分准备，突出体现在中小学 STEM 教育的推进上。

围绕 STEM 教育，盐田区教育界从思想认识、政策举措、行动计划与实施模式等方面做了全方位探索。早在提出建设宜居宜业宜游的现代化国际化先进滨海城区目标之前，盐田区就将教改突破点放在推进中小学 STEM 教育方面，眼光不可谓不长远。"STEM 教育是一种综合性的探究教育，以提升学生的 STEM 综合性素养为核心"，"只有从课程设置的目的、课程本身及其教学策略三个方面，才能完整地把握和理解 STEM 教育的内涵与要求，科学、合理地实施 STEM 教育"，诸如此类的观点，逐渐成为盐田区教育界共识，为全区推广 STEM 教育做好了思想方面的引领。

结合区域教育现状，盐田区出台了《盐田区教育品质提升行动计划（2017—2019 年）》。该计划明确提出要"促进跨学科课程整合和项目式、主题式学习，尝试开展教师跨学科合作和跨学科任课实验"，"整体推进学生核心素养的培养"等。由此出发，盐田区"以项目式学习为抓手，以学生学习方式转变为重点，在全区各中小学整体推进'课堂革命'，促进课改深入发展"。盐田区教科院提出以学习方式变革促进教育质量提升的方案，研发了基于学科（Academic）、情境（Scenario）、生活（Real-life）的项目式学习区域实践模式（ASR-PBL 区域实践模式）。该模式历时五年多时间，分阶段完成了区域特色优质教育资源的筛选、有效学习类型的梳理与选择，以及有效项目式学习类型及具体实施路径的提炼与推广。

呈现在读者面前的这部《基于 3SE 模型的中小学 STEM 教育探索》，是深圳市盐田区近年来推进 STEM 教育的案例总结。3SE 模型主要是从项目式学习区域模式中的基于生活的项目式学习（R-PBL）出发，开发实施的"情境导入（Scenario）—职业体验（Experience）—科学探究（Science）—工程制作（Engineering）—汇报展示（Showcase）—评价反思（Evaluation）"项目式学习课程设计流程，简称 3SE 模型。本书选取的基于 3SE 模型的课程案例，涵盖了区域人文地理、自然环境、生活场景与社区资源四大版块。每个版块均结合本地实际，择取与师生日常生活息息相关的案例，立足 STEM 教育本位，对这些案例进行设计编排，很好地实现了资源的开发利用。具体来说，包括如下显著特征：

一是凸显出跨学科特色。STEM 教育的显著特征在于跨学科。本书择取的课程案例涉及的学科广泛，几乎涵盖了语文、数学、物理、地理、生物、信息、形体、外语、历史、美术、音乐等学科。例如，关于"红树苗认养与生态修复"这一课程，学科跨度就涉及地理、生态、工程、数学等 9 个学科，纵向跨越了五到八年级，体现了灵活、弹性特征。师生在跨学科项目式学习中，可以较好地实现学科知识技能的迁移与应用，提升综合素养。

二是课程结构清晰，可操作性强。课程案例均遵循"情境导入—职业体验—科学探究—工程制作—汇报展示—评价反思"的环节编排，内容翔实，思路清晰，结构鲜明。课程案例中，均设置相应的二维码，读者可以便捷获取进一步的资料，如拓展资料、教学视频、课程 PPT 等，所收集的课堂案例也有着较强的可推广性。

三是突出了一线中小学师生的自主性与创新意识。STEM 教育的显著特征之一，就在于它能够有机整合相关学科，注重"做中学"，从而激发师生参与兴趣和创新意识。基于 3SE 模型所涉及的课程案例均是从生活场景出发，让师生从现实生活中寻找相关案例并自主研发，创新的触角无处不在。这些案例将不同学科知识与原理有机结合起来，教师带领学生通过一系列的观察、发现、合作讨论、设计制作、评价反思等环节，实现了对知识的深度学习，也很好地实现了教学相长。

四是呈现出鲜明的区域特色。本书所择取的课程案例，大多是从盐田区特有的自然环境、人文地理、传统文化与生活习俗出发，呈现出鲜明的区域特色。通过对沙头角鱼灯舞、疍家海上迎亲等传统习俗的考察，很好地实现了对传统文化的传承与推广。智能风速仪、"鹦鹉螺"号探索又借助了盐田区的沿海优势，就地取材，很好地开展了灾害防护教育和海洋生态教育。

通过这些鲜活生动的课程案例，我们能够体会到 STEM 教育在区域教改中的活力与发展前景。教育改革从来都是"牵一发而动全身"，同样，STEM 教育不仅仅提升了学生的 STEM 学科素养，同样也提高了学生的动手操作能力、问题分析与解决能力、沟通协作能力、自主学习能力等。此外，STEM 教育引发的职业体验还可以激发学生的职业兴趣，鼓励他们较早接触职业生涯规划，也有助于将来职业人才的培养。

短短几年间，STEM 教育所引发的课堂组织、教师教学和学生学习方式以及课堂评价等方面的变革，已经逐渐触及教育改革的"深水区"，预示着教改新气象的到来。我衷心祝愿盐田区的 STEM 教育在不远的将来取得新的硕果！

王　素

（中国教育科学研究院国际比较教育研究所所长、STEM 教育研究中心主任、中国未来学校实验室主任）

目 录

第一部分
STEM 课程开发背景及课程理论框架

第一章　STEM 课程开发背景

第一节　理论背景

一、STEM 教育的兴起

STEM 是科学（Science）、技术（Technology）、工程（Engineering）、数学（Mathematics）四门学科英文首字母的缩写，其中科学在于认识世界、解释自然界的客观规律，技术和工程则是在尊重自然规律的基础上改造世界、实现对自然界的控制和利用、解决社会发展过程中遇到的难题，数学则作为技术与工程学科的基础工具。由此可见，生活中发生的大多数问题需要应用多种学科的知识来共同解决。[①]

早在 20 世纪 80 年代，美国就提出了 STEM 教育。1986 年，美国国家科学研究委员会发表了《本科的科学、数学和工程教育》报告，被认为是美国 STEM 教育的开端。2017 年"美国竞争力计划"提出知识经济时代培养具有 STEM 素养的人才是具有全球竞争力的关键，并大力加强了对 STEM 教育的投入；2016 年 9 月美国又出台了《STEM 2026》，对于 STEM 教育在未来十年的发展提出了新的愿景。

[①] 罗泽碧、王雪：《连杆机构在小学科学技术与工程中的应用研究》，《贵阳学院学报（自然科学版）》2019 年第 2 期。

受美国 STEM 教育的影响，世界各国开始积极推动 STEM 教育。美国、日本、加拿大在中小学开设"发明创造课""自主学习研究课"；法国在小学开设"探究性学习"课程；英国在 2002 年就已经把 STEM 教育正式写入政府文件，并于 2017 年 1 月出台了《工业发展战略绿皮书》①；德国 2008 年制定了《德累斯顿决议》，将 MINT 教育列为教育发展重要目标；芬兰是一个创新性很强的国家，他们历来非常重视中学教育，早在 20 世纪 90 年代就出台了 LUMA②计划。③

近几年，STEM 教育在我国也快速兴起，学校、科研院所、社会机构、企业等共同发力，推动了 STEM 教育的实践、理论和政策的研究。北京、上海、深圳、成都等地采取措施，积极探索 STEM 教育推进方式，开展中小学 STEM 课程体系、专用空间、评价方式等方面的尝试。这是顺应国际教育发展趋势的大好事，但如果不能正确理解 STEM 教育的核心精神，则会出现"橘生淮南则为橘，生于淮北则为枳"的现象。这并非杞人忧天，现实中这种现象已有所表现，如一些学者把 STEM 教育仅仅归为教育技术的范畴；一些中小学把 STEM 教育搞成小发明、小创造，或者引进机器人、3D 打印等"高新技术"项目；一些公司在技术设备上做足文章，大大偏离了 STEM 教育的内涵与要求。STEM 教育不同于传统分科知识教育，它是一种综合性的探究教育，以提升学生的 STEM 综合素养为核心。但也不能仅仅把 STEM 教育理解为一种课程，而应把它理解为与 STEM 课程相匹配的教学策略，以及设置这种课程的目的。只有从课程设置的目的、课程本身及其教学策略三个方面，才能完整地把握和理解 STEM 教育的内涵与要求，科学、合理地实施 STEM 教育。④

目前 STEM 教育没有一个公认的定义，各个国家或组织对其都有不同的

---

① 这份报告提出了在英国的现代工业战略中技术教育是核心，同时还将促进数学教育的发展和解决 STEM 技能短缺问题。

② LUMA 是芬兰语的 STEM。这项计划的目标是加强 STEM 教育实践和加强学生对这些学科的学习兴趣。

③ 王素：《〈2017 年中国 STEM 教育白皮书〉解读》，《现代教育》2017 年第 7 期。

④ 吕延会：《STEM 教育的核心精神》，《当代教育科学》2017 年第 5 期。

理解。近年来，随着 STEM 教育的快速发展，STEM 教育又有了很多不同的扩展，主要包括 STM（科学、技术和数学，或科学、技术和医学）、STEAM（科学、技术、工程、艺术和数学）、STREM（科学、技术、阅读、工程和数学）等。

二、课程整合的深入发展

20 世纪 80 年代以来，课程设计领域出现了一种新的趋势——课程整合（Curriculum Integration）。事实上，课程整合在课程发展史上早已存在。最早可以追溯到 19 世纪中期的欧洲。19 世纪末 20 世纪初，比较著名的课程整合理论有齐勒计划（历史、文学、宗教中心整合论）、麦克默里的地理中心整合论和帕克计划（儿童中心整合论）。20 世纪上半叶，美国的进步主义教育运动秉承儿童本位的教育观，在理论与实践中倡导课程整合，主张以活动、专题作为课程的组织中心，并采用解决问题的学习方式。杜威在 20 世纪 30 年代曾批评课程的狭窄性，提倡动态的教育过程。由进步主义教育协会发起著名的"八年研究"（1934—1942）运用整合的核心课程模式进行教学实验，取得了良好效果。同一时期，改造主义教育学派提出了问题中心课程观。这种课程理论以问题为组织中心，打破学科界限设计了单元课程。可以说，20 世纪上半叶课程整合的发展与进步主义教育思想有着极为密切的关系。20 世纪 50 年代以后，随着进步主义教育思想式微，课程整合的理念也一度湮没无闻。直到 20 世纪 70 年代，人本主义教育思想兴起，课程整合重新受到关注，出现了人本主义的课程整合。其中较为著名的是以科学教育为本的 STS（Science Technology Society）课程。STS 课程试图融合当时科学、技术与社会教育间的分裂，以克服科学主义的弊端。[①]

自 20 世纪末以来，教育为回应人类社会发展的深刻变革，在许多领域进行了改革。课程整合再一次走进课程研究的中心视野，进入了蓬勃发展时期。有学者预言，课程整合是未来 21 世纪课程设计的主流。

目前，关于课程整合的内涵在国内外的学界仍然存在着分歧。总的来说，课程整合有广义和狭义之分。从广义上讲，课程整合不仅是一种组织课程内

---

① 韩雪：《课程整合的理论基础与模式述评》，《比较教育研究》2002 年第 4 期。

容的方法，还是一种课程设计的理论以及与其相关的学校教育理念。广义的课程整合包括四个层面，即经验的整合、知识的整合、社会的整合和课程的整合，其最终目的在于学校教育与民主、社会的统整。这是整合的、进步主义教育思想的一部分。从狭义上讲，课程整合是指一种特定的课程设计方法。国内关于课程整合的认识多属于此。其中比较有代表性的看法是"综合课程是把有内在联系的不同学科、不同领域的内容或问题统整成一门新的学科"，"只要具有培养和发展学生综合能力、态度和情感的教育内容就是综合课程"。①

课程整合没有统一的模式存在，可以采取不同的方式。目前关于课程整合的模式及其分类，学术界的看法不一。纵观历史，课程整合模式并不是渐进地演变，而是"存在的就是合理的"，是以多种形式共生并存的。

第二节　政策背景

一、国家层面

1999 年，中共中央、国务院作出《关于深化教育改革，全面推进素质教育的决定》，提出要改变课程过分强调学科体系、脱离时代和社会发展以及学生实际的状况，加强课程的综合性和实践性，重视实验课教学，培养学生实际操作能力。

2001 年，教育部在印发的《基础教育课程改革纲要（试行）》（以下简称《纲要》）中提出："改变课程结构过于强调学科本位、科目过多和缺乏整合的现状，整体设置九年一贯的课程门类和课时比例，并设置综合课程，以适应不同地区和学生发展的需求，体现课程结构的均衡性、综合性和选择性。"该《纲要》要求基础教育课程改革要确立课程整合的理念，将课程结构综合化作为改革的重要目标。为此，许多高校和中小学开展了多种形式课程整合的设计与实施的课程改革试验。包括基于课程内容知识的多学科教学的整合、基于以专题内容为中心的多课程教学活动的整合和基于真实情境主题以问题

---

① 李克东：《践行初衷：技术变革教育的思与行》，人民出版社，2018 年。

为中心的跨学科的课程整合等多种形式。①

2006年，《国务院关于印发实施〈国家中长期科学和技术发展规划纲要（2006—2020年）〉若干配套政策的通知》中指出："大力倡导启发式教学，注重培养学生动手能力，从小养成独立思考、追求新知、敢于创新、敢于实践的习惯。切实加强科技教育。"2014年3月，教育部印发的《关于全面深化课程改革 落实立德树人根本任务的意见》中指出，统筹各学科，特别是德育、语文、历史、体育、艺术等学科。充分发挥人文学科的独特育人优势，进一步提升数学、科学、技术等课程的育人价值。同时加强学科间的相互配合，发挥综合育人功能，不断提高学生综合运用知识解决实际问题的能力。要增强整体性，强化各学段、相关学科纵向有效衔接和横向协调配合。要在发挥各学科独特育人功能的基础上，充分发挥学科间综合育人功能，开展跨学科主题教育教学活动，将相关学科的教育内容有机整合，提高学生综合分析问题、解决问题的能力。这是新时期国家层面围绕落实立德树人根本任务，对深化课程改革实现课程整合的最新要求。

2016年，国务院印发《全民科学素养行动计划纲要实施方案（2016—2020年）》，提出在义务教育阶段要基于学生发展核心素养框架，完善中小学科学课程体系，研究提出中小学科学学科素养，更新中小学科技教育内容，加强对探究性学习的指导；鼓励普通高中探索开展科学创新与技术实践的跨学科探究活动；规范学生综合素质评价机制，促进学生创新精神和实践能力的发展。

2016年6月，教育部印发《教育信息化"十三五"规划》，该文件明确指出"积极探索信息技术在众创空间、跨学科、创客教育等新的教育模式中的应用，着力提升学生的信息素养、创新意识和创新能力，养成数字化学习习惯，促进学生的全面发展，发挥信息化面向未来培养高素质人才的支撑引领作用"。这份纲领性文件，标志着我国正式踏入STEM教育改革的队伍中。STEM教育作为今后发展的大趋势，对于我国教育教学方式的革新有着更加重要的价值和意义。②

---

① 韦明：《教育教学理论与方法探索》，西南财经大学出版社，2009年。
② 秦瑾若、傅钢善：《STEM教育：基于真实问题情景的跨学科式教育》，《中国电化教育》2017年第4期。

2017 年，教育部印发《义务教育小学科学课程标准》（以下简称《标准》），《标准》指出小学科学课程的内容主要包括物质科学、生命科学、地球与宇宙科学、技术与工程四个领域；同时，该《标准》还指出，小学科学课程是一门实践性课程，也是一门综合性课程。

2017 年 9 月，中共中央办公厅、国务院办公厅在印发的《关于深化教育体制机制改革的意见》（以下简称《意见》）中指出，在培养学生基础知识和基本技能的过程中，应强化学生关键能力培养（即认知能力、合作能力、创新能力、职业能力）。同时，《意见》强调，要改进教学方式和学习方式，变革教学组织形式，创新教学手段，改革学生评价方式。

2019 年 2 月，中共中央、国务院印发《中国教育现代化 2035》，该文件提出"建设智能化校园，统筹建设一体化智能化教学、管理与服务平台。利用现代技术加快推动人才培养模式改革，实现规模化教育与个性化培养的有机结合"。基于此战略，基础教育工作需顺应人工智能发展趋势，转变育人方式，回归教育规律，落实立德树人。

2019 年 6 月，中共中央、国务院印发《关于深化教育教学改革全面提高义务教育质量的意见》（以下简称《意见》），该《意见》强调"探索基于学科的课程综合化教学，开展研究型、项目化、合作式学习"。

从国家层面的政策看，课程整合在基础教育阶段越来越受到重视。课程整合促进了学习方式的变革。以 STEM 为代表的跨学科课程和新型学习方式，开始引起一线教育工作者的关注。

二、深圳市层面

2014 年 6 月，深圳市教育局印发了《关于进一步提升中小学生综合素养的指导意见》（以下简称《指导意见》），该《指导意见》提出，进一步提升中小学生综合素养，是深化教育综合改革的重要目标，是深圳市教育发展的重大任务，是新时期立德树人的创新实践，对解决当前中小学教育存在的重分数轻素质、重知识轻能力、重书本轻实践等问题，提升中小学生身心健康水平，增强创新实践能力，更好地适应城市现代化、国际化、信息化对人才的素质要求，具有重要意义。

2015 年，深圳市教育局印发了《深圳市中小学科技创新教育三年行动计划（2015—2017）》（以下简称《行动计划》），该《行动计划》指出，全面提升学生科技素养和创新素养，着力培养科技创新英才，将科技创新教育打造为深圳教育的重要特色和品牌，使科技创新成为学生的重要特长。

2016 年 10 月，深圳市教育局印发了《深圳市中小学创客教育课程建设指南》（以下简称《指南》）和《深圳市中小学创客教育实践室建设指南（试行）》（以下简称《指南（试行）》）。该《指南》和《指南（试行）》指出，中小学创客教育要融合 STEAM 教育理念、项目式学习理念，强调独立构建目标、独立应用工具开展创造、共享智慧、优化迭代、形成成果，是能够带来完整思维链条的教育形式，也是一种独特而务实的创新人才培养系统、全人教育系统。

2018 年 4 月，深圳市教育局印发《深圳市中小学学科教育与创客教育融合指南（试行）》（《融合指南（试行）》）。该《融合指南（试行）》指出，扩大学科教师培养创新人才的视野，补齐学习方式变革的信息量，激发课程创新的灵感，指导教师们从创客理念出发，变革学习方式、重构学习场景，迈开校本课程开发的步伐，在"创新人才培养"之路上进行更多的探索。

2020 年 3 月，深圳市教育局印发《2020 年工作思路》（以下简称《工作思路》）。《工作思路》提出，"加强校外实践基地建设，大力推进研究型、项目化、合作式学习""加强中小学 STEM（科学、技术、工程、数学）教育"。

从深圳市层面的政策看，由于科技创新是深圳这个城市的一大特色亮点，深圳的创客教育起步早、发展快、影响大，并且间接推动了学习方式变革，因此，注重创新精神和实践能力培养的 STEM 教育成为深圳大力推动的方面。

第三节　现实背景

一、人工智能背景下学习方式变革成为教育改革的核心

人工智能概念自 1956 年提出以来，已历经多个阶段的起伏发展。近几年随着新一轮信息技术的飞跃，人工智能已被广泛接受为推动现代社会进步的核心技术力量之一，广泛服务于工业、经济、农业、环境、医疗、教育等众

多领域，切实推动着社会的进步。面对人工智能的飞速发展，为更好应对未来，我国于 2017 年 7 月由国务院印发了《新一代人工智能发展规划》（以下简称《规划》）。《规划》提出要发展"智能教育"，其中特别提出：利用智能技术加快推动人才培养模式、教学方法改革，构建包含智能学习、交互式学习的新型教育体系。

人工智能对学校教学工作所带来的影响是全方位的，其中基本的走向有以下四个方面：教师功能更加偏向对学生的评估，学习过程更加面向个性化需求，学习方式更加强调思维的深度，教学评价更加基于学习情境。

人工智能时代，对学生的培养目标将更加强调提供"超越机器"的能力，其中尤其突出以下五种能力，即自主学习的能力、提出问题的能力、人际交往的能力、创新思维的能力、谋划未来的能力。

人工智能对学习行为的影响是显而易见的：人工智能使得认知不仅发生在头脑中，还发生在人与智能工具的交互过程中，在加强"以学生为中心"的同时，虚拟导师、虚拟学伴、虚拟团队、虚拟教练、虚拟班友等都将对人工智能加以延伸、强化和补充。可以说，人工智能正在带来新的学习生态。在学习体验的延伸与学习场景的构建方面，AR、VR 设备等信息技术手段已经能够提供虚拟、逼真的超现实体验；脑机接口设备的应用已经能够实现内部感知与外部认知之间的联通，为学生提供自我精神与心理调适的习练；数字技术和互联网设备的应用已经能够实现跨时间、跨空间的人机交互、现场体验，如博物馆、美术馆、文化活动现场的沉浸体验。

正如教育部杜占元副部长提出的那样："信息技术的发展和应用，改变了人类的生产、生活乃至思维和学习方式。"今天的学习方式，就是明天的思维方式，更是后天的生活方式。因此，如果问"教育能够为人工智能时代准备点什么？"答案首先就是"与之适应的学习方式"。

学习方式是人类生存方式、实践方式、思维方式在学习倾向方面的具体体现，不同的学习方式背后是人的思维方式、生存方式差异化的反应。改变学习方式，意味着改变思维方式、生存方式与实践方式。

王素、陈如平、余胜泉等知名教育学者在描述"未来学校"的概念时，无一例外地将"学习方式变革"放在了首要位置。可以说，所谓"未来学校",它首先应该是基于"未来学习方式"的学校,其次才是源于"未来学习方式"的"未来校园""未来工具"等。

二、盐田区开展项目式学习的实践探索

深圳市盐田区地处深圳市东部,是深圳市东部湾区门户和"东进战略"支点。未来,盐田区提出建设宜居宜业宜游的现代化国际化先进滨海城区的目标。围绕区域发展定位,盐田区政府出台《盐田区教育品质提升行动计划(2017—2019年)》,提出"促进跨学科课程整合和项目式、主题式学习,尝试开展教师跨学科合作和跨学科任课实验"。因此,以跨学科课程整合为目标的学习方式变革成为区域教育改革和发展的内在需求。

近年来项目式学习变得越来越受欢迎,其核心是突出学生的主体地位,并强调学习过程和成果评价的多样性和个性化。这恰好符合中国基础教育改革的大趋势。所以,盐田区以项目式学习为抓手,以学生学习方式转变为重点,在全区各中小学整体推进"课堂革命",促进课改深入发展。抓住了项目式学习,就是抓住了未来教育的"牛鼻子",正是因为有了中国科教院STEM教育研究中心主任王素的方向引领和具体指导,让盐田区教育系统自上而下对未来教育的认识变得清晰可见,这也是该区近年来推进未来教育的深刻体会。

第二章 STEM 课程理论框架

深圳市盐田区位于深圳市东部，由于历史、地理区域、社会和经济发展等诸多因素影响，教育发展步伐相对缓慢，部分教师教育教学方式陈旧，校际间资源分配不平衡、发展不均衡等现象较为突出。针对教育现状，盐田区教科院提出以学习方式变革促进教育质量提升的方案。历经五年探索，项目研究团队梳理了基于体验、表达、问题、项目和创造等 5 大类 22 种新型学习方式，发布了《让学习更真实地发生——深圳市盐田区面向未来教育的学习方式变革行动方案》；研发了基于学科、情境、生活的项目式学习区域实践模式，并针对各模式开发了相应的实施路径和保障方案；区内学校结合校情，选择相应的项目式学习模式进行课程开发和教学实践，均开发出具有学校特色的项目式学习案例，最终形成区域特色的项目式学习课程体系；部分区外学校参与项目实验，也取得显著成效。项目式学习区域实践模式是具有盐田区域特色的项目式学习理念、模式和策略，以落实立德树人，发展核心素养，提升区域品质为终极目标，为促进全区教学方式改革、推动全区教育优质均衡发展做出了重大贡献，并取得了良好的教育教学成效。

第一节 课程框架解决的主要问题

结合盐田实际情况，该框架的开发重点关注三大问题的解决：（一）明确哪些学习方式能够有效地促使学生学习的真实发生；（二）如何深入挖掘区域特色资源并发挥其教育功能和价值；（三）如何开发易操作的课程体系构建模式，激发各校联动，共同参与，从而促进区域教育品质提升。为解决以上三大问题，项目组经历了三个阶段的探索：

第一阶段（2014.3—2017.6），重点对区域的特色资源进行筛选，并充分挖掘优质资源的教育功能和教育价值。以乐群小学和梅沙小学作为项目式学习试点学校，先行开发出以所在区域中的自然资源、人文资源和现代建筑资源为教育主题的课程案例。课例的实施使区域资源与学校教育有机地融为一体，也为其他学校课程的开发树立了标杆、明确了方向，从而进一步凝聚共识，形成体系。

第二阶段（2017.7—2018.6），重点解决促进学生学习真实发生的学习方式类型的选择问题。通过大量的理论研究和调研实践，盐田区教科院发布了《让学习更真实地发生——深圳市盐田区面向未来教育的学习方式变革行动方案》。通过对基于体验、表达、问题、项目和创造等五大学习类型的梳理，结合盐田区实际，通过思维碰撞产生共鸣，最终提出以项目式学习为主要抓手促进区域教学方式变革，并在全区进行多次专题讲座，激发教育教学实施者的认同感。

第三阶段（2018.7—2019.11），结合项目式学习开展的经验，提炼其类型及具体实施路径并进行推广。笔者（指主编陈尚宝，下同）根据项目式学习涵盖范围的不同，开发了易操作可复制的项目式学习区域实践模式，并针对具体模式提出相应实施路径；根据实际需要，研制出开展项目式学习的指引，以确保各校课程开发时有章可循、有据可依。

第二节　项目式学习区域实践模式

盐田区早期就有实施项目式学习的实践经验。2014 年 3 月，以姚毅锋老师为代表的一线教学实践者，带领梅沙小学学生采用项目式学习的方式，完成了《"万科东海岸"湿地调查报告》，并在由环境保护部宣传教育中心主办的"环境小记者项目 2014 年新闻作品大赛"中荣获一等奖。笔者结合早期实践经验，总结出课程设置应以跨学科、趣味性、体验性、技术增强性等为原则，并决定以项目式学习为主要方式，通过打通学校与真实世界的联系，让学习更真实地发生，从而促进盐田区课堂教学变革，提升区域教育品质。历经五年多的迭代与优化，笔者研发出了基于学科、情境、生活的项目式学习区域实践模式（图 1），并针对每一种模式研发出具体的实施路径。

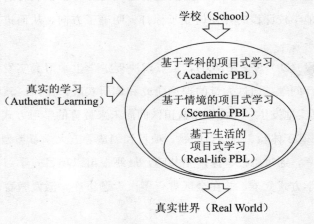

图 1　项目式学习区域实践模式图

　　项目式学习区域实践模式搭起了学校与社会之间的桥梁，并引导学生将所学理论知识应用于生活实际问题的解决中；该模式中的三种子模式呈现出进阶关系，并为适应不同学校、不同学段的课程开发提供向导。

一、基于学科的项目式学习及实施路径

　　基于学科的项目式学习是指向学科关键问题或学科核心素养的学习模式。它产生于某个现有课程体系中的学科领域，指向学科的核心概念和课程结构；注重融合现有课程材料、学科内容，并将其转化成学科式、项目式情境；重点关注学生多学科知识的习得，促进关键能力的培养及核心素养的发展。具体实施路径如下（图 2、3）：

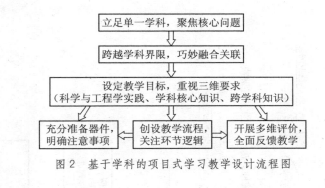

图 2　基于学科的项目式学习教学设计流程图

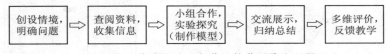

图 3　基于学科的项目式学习教学环节流程图

二、基于情境的项目式学习及实施路径

基于情境的项目式学习是通过创设现实的或虚拟的情境，发展学生知识与技能的一种学习模式。其项目背景是涵盖现实生活元素的真实情境或虚拟场景。具体实施路径见图 4。

三、基于生活的项目式学习及实施路径

基于生活的项目式学习是从真实生活的真实问题出发，并提出实际解决方案的学习模式（即基于 3SE 模型）。它研究的是真实世界里存在的问题，尤其关注学生的学习体验、行动、信息处理、资源调度、开发思维与创新。具体实施路径见图 5。

第三节　区域基于 3SE 模型的 STEM 课程实施模式

3SE 是笔者针对基于生活的项目式学习（包括 STEM 教育）的课程案例开发提出的一个操作实施模式，是课程开发必须经历的六个环节，以每个环节的英文首字母组成"3SE"，包括情境导入、职业体验、科学探究、工程制作、汇报展示、评价反思这六个课程基本流程要素。本书就是以深圳市盐田区 12 所中小学和深圳市南山区 1 所九年一贯制学校为例，依托 3SE 模型，形

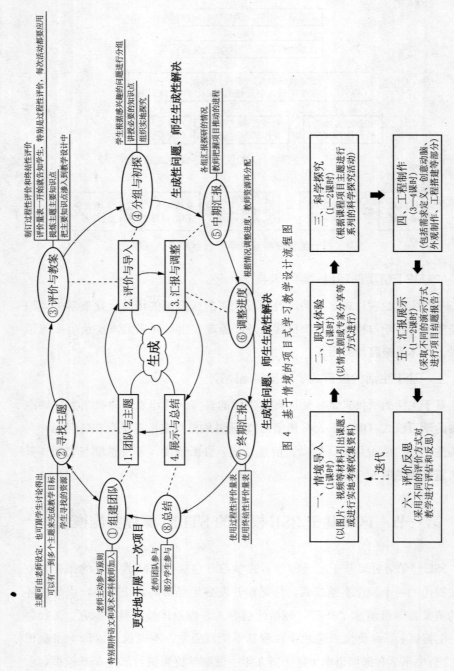

图 4　基于情境的项目式学习教学设计流程图

图 5　基于生活的项目式学习教学设计流程图

成 13 个各具特色的 STEM 教育实践案例。下面，将 3SE 模型的各环节说明如下：

（一）情境导入

情境导入是整个项目式学习的开端，旨在呈现出项目式学习的驱动性问题，帮助学生认识项目式学习的问题背景，用问题驱动学习，激发学生的好奇心与学习动力。

在情境导入阶段，可以用图片、视频等材料引出问题或带领学生进行实地考察收集资料，通过多种方式充分地引导和启发学生。在这个过程中还需培养学生的资料收集能力、信息筛选能力、阅读能力以及信息整合能力等。

（二）职业体验

职业体验环节是对情境导入部分的强化。在职业体验部分，为学生创造机会，通过实地走访调研驱动性问题发生的场所，参与工作体验并与相关工作人员或是专家进行对话交流，通过亲身体验，学生进一步加深对问题的理解，切实了解项目的社会意义，甚至进一步拓展出新的子问题和思考方向。在这个过程中还需培养学生的共情能力、问题分析能力、沟通交流能力等。

（三）科学探究

科学探究环节旨在让学生对驱动性问题或衍生出的子问题，通过科学探究的方法探究和了解问题的本质或是寻求问题解决的方法，在探究的过程中运用相关的知识不断加深对知识的理解。

科学探究一般包含提出问题、做出假设、制订计划、收集证据、处理信息、得出结论、表达交流、反思评价八个环节，学生在科学探究的过程中要不断反思结论的有效性并检查每一个步骤的准确性。

（四）工程制作

工程制作包括需求定义、创意动脑、外观制作、工程搭建等，旨在用工程实践的方式，借助信息技术等多种手段设计和制作工程模型，为项目式学习中的问题提供可实现可测试的解决方案或是制作工具辅助进行科学探究。

在工程制作的过程中，学生将进行思想碰撞、设计、创新、动手实践，用不同的方式表达自己的想法并与小组成员团结协作。失败在此过程中是家常便饭，这便要求学生不断地测试与迭代设计方案和制作环节，完善自己的作品。

（五）汇报展示

汇报展示环节中，学生将采取不同的演示方式进行项目结题报告，可包括演讲报告、座谈会、情景剧、作品展等方式。

在项目式学习中，成果的重要性并不亚于驱动性问题。围绕一个驱动性问题，可以有很多成果，成果也可以有多样的表现形式。成果指向驱动性问题和对核心知识的深度理解，具有思维的真实性，其中包括个人成果和团队成果，同时也包含有关做出来的和对怎么做出来的说明。

（六）评价反思

评价反思环节将采用不同的评价方式对教学进行评估和反思，检测学生是否达成了课程目标、教师的教学方案是否有效，为课程的迭代提供参考。

在评价课程的过程中，可以考察如下内容：（1）是否有真实、有趣且有挑战性的问题；（2）内容与学科知识联系是否紧密；（3）学科之间是否相互融合；（4）是否有真实的学习体验；（5）是否有创造性的解决方法；（6）是否有系统的探究方法；（7）是否有指向问题与目标的成果；（8）是否有科学的评价量规；（9）是否有反思与迭代的空间等项目式学习课程评价指标。

在评价学生的过程中，可以采用 KWL 表格、学习档案、作业纸、路演等方式，让教师、学生自己、学生同伴、专家、社会成员等分别在学前、学中、学后的恰当时间点共同参与评价。可采纳的评价有（1）驱动性问题回答，（2）对核心知识的学习，（3）核心素养的形成，（4）操作技能，（5）作品成果，（6）情感范畴。

在项目式学习的过程中，对学生学习的评价要贯穿项目的始终，要将过程性评价与终结性评价相结合，重点考察学生的任务完成程度与在学习过程中展现的各方面能力。

第四节　区域"学科＋社区"项目式学习课程体系构建

项目式学习既是学习方式的具体表现，也是课程体系构建的理念指引。参照项目式学习的核心要义，盐田区在构建项目式学习课程体系时，坚持核心素养导向，立足于面向真实生活的广域课程整合，从真实的问题入手，构建区域特色课程。在课程目标上，抓住学科核心素养，培养学生关键能力，促进学生全面发展；在课程内容上，围绕真实生活情境，整合学科知识乃至跨学科知识，促进学生综合理解，培养学生综合素养；在组织形式上，强调小组合作式学习，培养团队协作能力；在学习结果上，重视实践创新，让学生在探究与创作中形成一定的作品；在资源开发上，立足学校紧抓学科资源，放眼校外深挖社区资源。

目前，盐田区初步构建了适合项目式学习的"学科＋社区"资源驱动性特色课程体系。该课程体系贯通学科与社区，把学科知识、思维、方法、观念的严密体系与社区环境、历史、建筑、机构的开放问题结合起来，通过将科学、技术、社会、环境4个学科领域和自然风光、城市景观、社会人文3个社区话题有机融合，初步形成了12个项目式学习的课程主题。围绕这些课程主题已经开发出系列活动方案，随着项目式学习的开展，还将进一步丰富相关内容，抑或引进更多学科、开发更多新的主题。课程实施可根据地方课程管理具体规定，将项目式学习纳入综合实践活动、探究性学习等课程统筹管理。比如，盐田区就根据深圳市中小学生探究性小课题申报工作要求，明确将12个项目式学习活动主题纳入中小学生探究性小课题管理序列，包含8项类别：(1)学科课堂学习类（XK），(2)科学发明制作类（KJ），(3)自然科学实验类（ZR），(4)动植物生活习性类（DZ），(5)社会公共问题类（SH），(6)生命健康与成长类（SM），(7)人文艺术类（RW），(8)其他类（QT）。

表1　盐田区"学科＋社区"项目式学习课程体系框架图

	自然风光	城市景观	社会人文
科学	沙头角形成演示模型（ZR，XK）	盐田港智能灯塔（KJ，SH）	海山公园多功能钟（RW，SM，KJ）
技术	茶溪谷森林小火车（SH，ZR，KJ）	智能晒鱼场模型（KJ，SH，SM）	沙头角鱼灯舞模型（KJ，RW，XK）
社会	中英街历史文化暨人与自然和谐社区设计（RW，SH）	"最炫海鲜一条街"之创意宣传装置（RW，KJ）	基于物联网技术的新时代疍家海上迎亲装置（KJ，XK）
环境	梧桐山博物考察与自然文化线上展示馆（XK，DZ）	明珠立交下部广场空气质量监测站（SH，SM）	梅沙湾项目学习之认识台风天气（SH，ZR）

备注：表中字母表示深圳市中小学生探究性小课题类别代码

　　需要指出的是，该课程体系只是课程实施的参考框架，各学校在具体实施时，可以根据自身的条件和独特的资源灵活调整。比如"基于物联网技术的新时代疍家海上迎亲装置"课程，盐港中学重点发挥艺术设计的优势，将疍家服饰、疍家海上迎亲、疍家食物等主题与海报设计、动漫制作等进行了充分融合，最终呈现了很好的效果。各学校可根据实际情况对这些课程进行校本化开发和应用，再形成区域性的项目式学习课程资源库，进一步丰富项目式学习的主题。目前，盐田区从学前教育到义务教育阶段，已经开发出 20 多门项目式学习课程资源和 30 多节基于生活的项目式教学案例设计。

第二部分

STEM 课程案例分享

第一章　人文地理类案例

第一节　探研非物质文化遗产
——以制作沙头角鱼灯舞模型为例 *

课程背景与目标

沙头角鱼灯舞起源于明末清初，是沙头角沙栏吓村一种独特的民间习俗，是当地逢年过节、祭神拜祖、喜庆丰收的传统节目，有着三百多年的历史，流传至今。沙头角鱼灯舞于 2008 年入选国家级非物质文化遗产名录，是盐田区宝贵的历史文化资源。我校与沙头角鱼灯舞的起源地同坐落在沙头角街道中英街内，这样的天然联系和情感纽带，促使我们更有义务和责任去探研国家非物质文化遗产之沙头角鱼灯舞。

通过引领学生探究社区历史文化资源，结合团队合作和项目探究的方式，让学生运用学科相关知识自主地学习，不断加深对鱼灯舞的认识；在不同学科背景教师的引领下，学生综合运用多学科知识解决问题，并养成观察身边事物的习惯，提高综合实践能力。同时，推动中华传统文化的传承与传播。

＊ 本案例由深圳市盐田区外国语小学东和分校提供，张洁、黄舫、徐雯、杨妍琪共同执笔。项目组主要成员有张洁、黄舫、徐雯、杨妍琪、周晓茹、杨学梅、李雪芹、万永锐、杨帆、陈树练、郭丹婷、黄巍恒、吴雯等。

课程领域

　　工程、数学、历史、语文、英语、美术、形体

建议年级

　　五年级

建议课时

　　11 课时

教学过程

一、情境导入（建议 4 课时）

（一）本课主要内容

　　本课学习的主要内容是让学生了解鱼灯舞，并针对自己所了解到的信息展开讨论，然后对鱼灯舞的故事进行创编。

　　课程主要分为四个部分：一是需要教师课前布置作业，让学生查找书籍、互联网，收集鱼灯舞的历史资料；二是教师带领学生前往沙头角鱼灯舞博物馆，进行实地考察，进一步了解鱼灯舞的相关资料；三是通过班级讨论，学生围绕鱼灯舞的主题，提出问题，收集和整合相关信息，不断深入和完善自己的相关认知；四是学生通过独立思考，团队合作，创作绘本、制作文化创意产品。

（二）教学目标

　　1. 让学生通过收集资料，充分自主学习，了解鱼灯舞这一国家非物质文化遗产。

　　2. 让学生在参观鱼灯舞博物馆的过程中，锻炼细致观察的能力。

　　3. 让学生围绕鱼灯舞的主题展开讨论，提出问题，收集和整合相关信息，不断深入和完善自己的相关认知，进一步学会用语言文字表达自己对鱼灯舞的想法。

　　4. 让学生通过独立创编有关鱼灯舞的故事，并在此基础上尝试制作相关绘本和文化创意产品，收获思考的快乐，体验团队的力量，巩固团队精神和合作意识。

（三）教学实施的程序

环节	教学内容	教师组织和引导	学生活动	教学意图
初步介绍沙头角鱼灯舞	教师给学生播放鱼灯舞的图片、视频，向学生初步介绍鱼灯舞。	向学生简单介绍鱼灯舞是什么，引导：同学们，你们从图片/视频中看到了什么？	初步了解鱼灯舞，并根据自己的了解进行口头表达。结合相关经验，产生对鱼灯舞的初步认识。	让学生带着问题了解鱼灯舞，产生对鱼灯舞的兴趣。
	提出问题：你对鱼灯舞有什么疑问或者思考？	抛出问题，引发学生的思考，比如：鱼灯舞是我国的非物质文化遗产，那作为小学生，我们可以采取哪些措施去保护它呢？	思考讨论，提出问题。	提问引发学生思考，激发学生自主学习的意识。
	布置作业：查找鱼灯舞资料。	抛出问题：你们对鱼灯舞的哪一方面最感兴趣（历史背景、发展沿革、制作工艺、故事情节、传承人的工匠精神等）？为什么？	结合课堂所产生的疑问和自身兴趣，查找鱼灯舞相关资料。	锻炼学生收集资料的能力。
	操作难点解析： 　　教师提出问题时，由于学生初次了解鱼灯舞，可能有个别学生还没什么想法。小组讨论可以缓解学生的紧张感，同时引起其对鱼灯舞的思考。			
带领学生参观沙头角鱼灯舞博物馆	回顾鱼灯舞相关图片、视频，并导入本课。	引导：通过自己查找资料，你们对鱼灯舞文化有了初步了解，你还对鱼灯舞有什么疑问呢？今天我们就要一同走进鱼灯舞博物馆，进一步看看鱼灯舞究竟是一种怎样的活动。	温习自己查找的鱼灯舞资料，并思考有什么需要学习的新知识。	让学生温习已自学的知识点，同时产生追问：自己还有什么想了解的，带着疑问参观博物馆。
	分组。	教师根据学生人数组织自由分组并选定研究方向。	根据自己提出的问题自由组队。	提高团队合作能力。
	带领学生参观沙头角鱼灯舞博物馆。	带领学生进一步了解鱼灯舞的历史。	观察鱼灯舞，自行阅读并记录博物馆内沙头角鱼灯舞的历史资料。	训练学生的观察能力和资料整合能力。

（续表）

环节	教学内容	教师组织和引导	学生活动	教学意图
带领学生参观沙头角鱼灯舞博物馆	引导学生寻求问题的答案。	邀请民俗学专家与学生分享鱼灯舞文化的相关知识，鼓励各研究小组根据自己的研究问题进行自由提问。	在整个参观的过程中，以小组为单位进行活动，针对各自不同的研究方向和资料收集表的提示，完成资料的收集工作。	训练学生的口头表达能力，提高学生的探究精神。

操作难点解析：
　　在分组的过程中，教师可以将学生提出的问题列在黑板上，大致归类，协助学生组队。
备注：
　　1. 在参观之前，让学生带着问题，带着本子和笔去参观。
　　2. 强调参观的秩序和纪律，做到文明参观。

环节	教学内容	教师组织和引导	学生活动	教学意图
沙头角鱼灯舞讨论会	引导学生表达关于鱼灯舞的思考，组织学生讨论。	抛出问题，引发学生思考，如：通过自己查找资料和参观鱼灯舞博物馆，你了解到了什么？你还有什么想法、什么疑问？	学生整合自己了解到的信息，重新进行整理、表达。	鼓励学生自己思考，并学会整理所收集的资料，运用合适的语言表达。
	根据学生的想法，或者是学生提出的问题继续提问，引导学生讨论。	如：学生说鱼灯舞是中国非物质文化遗产。教师可提问引导学生：那我们作为小学生，可以做些什么来保护这项非物质文化遗产呢？保护鱼灯舞，有哪些部分是用已有知识就能完成，哪些部分是需要学习新知识才能做到的？	学生展开讨论，表达观点，如：可以做相关小玩偶，拍摄动画并传到视频网站上播放，让更多人了解。	训练学生的思维和口头表达能力。

操作难点解析：
　　讨论一开始，建议教师用轻松的话题引入，活跃气氛，提高学生表达的欲望。讨论的时候，教师可以根据学生讨论的内容进行大致引导。

（续表）

环节	教学内容	教师组织和引导	学生活动	教学意图
沙头角鱼灯舞故事新编	带领学生回顾沙头角鱼灯舞大致情节。	回顾鱼灯舞的主要情节：群鱼海底畅游—黄鳢角来袭—众鱼儿团结反击。	温习沙头角鱼灯舞的主要情节。	调取既有知识，为讨论新情节预热。
	引导学生讨论可融入的新情节。	鱼灯舞有基本的故事框架，教师可以抛出问题，引导学生思考、讨论：如果要让现在的人们重新了解并爱上鱼灯舞，你会融入什么新的故事情节呢？	学生思考并讨论，进行思维碰撞，从而产生自己的观点。	结合已有情节进行合理想象，锻炼口头表达能力、团队协作能力，拓宽想象力。
	进行鱼灯舞故事创编。	教师巡视学生创作，发现有困难的学生，帮助其梳理思路。	完成故事创编。	训练学生的书面表达能力。
	操作难点解析： 　　教师可以缩小学生讨论的范围，先对学生分组，组织学生讨论；然后请个别学生发言，全班讨论；接下来再次组织学生小组讨论，这样一来学生较容易下笔创作。			
创编鱼灯舞绘本	引导学生挑选主要情节。	原创编故事较长，绘本文字画面精简，教师需要引导学生挑选主要画面。	小组讨论，选定主要画面。	引导学生学会分清主次。
	缩写。	引导学生进行主要内容提取、对话提取。	学会缩写，挑选出故事的主要内容、主要画面。	锻炼学生的缩写能力。
	引导学生创作故事的主要角色、背景。	教授学生鱼类绘画、背景绘画。	绘制故事的主要角色、背景。	训练学生绘画鱼类等海洋生物的能力。
	引导学生丰富后期制作。	引导学生思考，一本完整的书还需要丰富哪些内容？	1. 明确方向：了解一本完整的书由哪些主要部分构成。 2. 补充前言、角色介绍等，完善绘本内容。	和学生一起编一本书，提高学生的思考能力、写作能力和责任意识。

（续表）

环节	教学内容	教师组织和引导	学生活动	教学意图
创编鱼灯舞绘本	**操作难点解析:**　　创编鱼灯舞绘本的时候，先让学生挑选出主要内容，选择主要画面，再绘制基本角色的形象、背景，最后可以通过电脑合成实现二者的合二为一。这里需要信息课教师协助。			
	课件下载		视频素材下载	
	图片下载		绘本制作 PPT下载	

二、职业体验（建议 2 课时）

（一）本课主要内容

本课程学习的主要内容是让学生了解鱼灯的制作过程，提高动手实践能力，体验工匠精神，走近非物质文化遗产。

课程主要分为四个部分：一是多感官情境学习（鱼类的相关图片、视频等），即教师通过展播多元的视听体验，引起学生探索的兴趣。教师课前布置作业，让学生根据鱼灯舞的历史，通过互联网，收集各类鱼的生活习性和形态等资料并在课堂上分享；二是专家分享，即制作鱼灯的民间手工艺人对鱼灯舞和鱼灯的制作进行详细的介绍和说明，让学生了解鱼灯的制作方法，并指导学生制作简单的鱼灯；三是学生制作鱼灯的职业体验，体验民间手工艺人的工作，即做手工艺人的学徒，亲自动手体验传统的鱼灯制作，体验舞动鱼灯；四是学生进行小组讨论，提炼出制作鱼灯过程中遇到的问题，并讨论解决策略，总结制作鱼灯所收获到的体验，以此锻炼自我解决问题的能力和自学能力。

（二）教学目标

1. 让学生上网收集资料，如收集鱼类生物的资料、了解鱼的各种形态和习性，培养学生自主学习的能力。

　　2.让学生尝试在民间手工艺人的引导下制作鱼灯，提高学生的动手实践能力，体验工匠精神；在此基础上让学生学习创意表达，激发学生的创新力和想象力，对鱼灯舞展开进一步探究和创作。学生通过制作鱼灯的职业体验，体会劳动的艰辛，树立尊重别人劳动成果的意识，领悟劳动创造幸福生活的内涵。

　　3.让学生通过小组合作，围绕鱼灯的制作，提出问题，收集和整合相关信息。学生通过反复实验解决制作过程中遇到的问题，培养合作解决问题的能力和发展创新精神。

　　（三）教学实施的程序

环节	教学内容	教师组织和引导	学生活动	教学意图
初步了解鱼灯舞所涉及的鱼类及鱼灯的制作	让学生课前查阅资料，分组分享各种鱼类的形态和生活习性。	向学生简单介绍鱼灯舞是什么，引导：同学们，你们从图片、视频中看到了什么？	初步了解鱼灯舞涉及的鱼类的形态和生活习性。	让学生带着问题了解鱼灯，对鱼灯制作产生兴趣。
	提出问题：你对鱼灯的制作有什么疑问或者思考。	抛出问题，引发学生的思考，比如：为什么鱼灯舞中的鱼灯要用这几种鱼，是否和沙头角的地理位置有关？	思考讨论，提出问题。	提问带动学生思考，并引发学生自主学习。
	布置作业：查资料，了解鱼灯的制作材料和过程。	抛出问题：鱼灯是用什么材料制作的？鱼灯制作过程分为几个步骤？	结合课堂所产生的疑问和自身兴趣，分组查找鱼灯制作的相关资料。	锻炼学生收集资料、整理资料的能力。
	操作难点解析： 　　提出问题后，学生了解了鱼灯舞涉及的鱼的种类，将会产生制作鱼灯的兴趣。因此，让学生提前自行查阅鱼灯制作的过程，更容易让学生对鱼灯制作有多角度的了解，进一步提高学生收集和整理资料的能力。			

（续表）

环节	教学内容	教师组织和引导	学生活动	教学意图
听鱼灯制作传承人讲述鱼灯制作过程并尝试制作鱼灯	回顾上节课内容，并导入本课。	引导：通过查找资料，同学们对鱼灯制作一定有了一些了解，小组讨论制作鱼灯大致分为哪些步骤。	温习自己查找的制作鱼灯资料，并思考有什么需要学习的新知识。	让学生温习知识，同时追问：自己还有什么想了解的，然后带着疑问聆听鱼灯制作传承人的讲解。
	听鱼灯制作传承人讲解鱼灯制作的步骤。	引导学生边听边做好记录，并把自己有疑惑或者感兴趣的地方标注下来。	学生边听边做记录。	培养学生认真聆听、整理记录及思考的能力。
	尝试制作鱼灯。	带领学生亲自尝试鱼灯的制作。	根据鱼灯制作传承人的方法进行鱼灯制作。	训练学生的动手能力和思考能力。
	提出制作鱼灯过程中遇到的问题，并通过小组讨论和反复实验的方法，尝试解决问题。	引导学生在遇到问题时，勇于表达，进行小组讨论、头脑风暴，最终解决问题。	学生通过小组讨论和反复实验的方法尝试解决在制作过程中遇到的问题，并将问题和方法整理和记录下来。	训练学生的思维和解决问题的能力。
	尝试舞动鱼灯。	带领学生学习舞鱼灯。	尝试舞动鱼灯，发现问题。	训练学生的身体协调能力，让学生体验传统文化的魅力，培养学生发现问题的能力。

操作难点解析：
　　在制作鱼灯的过程中，学生会遇到许多问题，比如竹篾太厚削不动、烤火弯圈难以掌握、打结容易松等。教师可以积极引导学生进行小组讨论，尝试解决，并反复训练工艺手法。学生有部分解决不了的问题可以求助于教师。

（续表）

环节	教学内容	教师组织和引导	学生活动	教学意图
沙头角鱼灯制作讨论会	引导学生表达关于鱼灯制作的思考和收获。	抛出问题：体验了鱼灯制作后，你有什么体会？	学生汇总自己在制作过程中遇到的问题和解决策略，谈谈体会和收获。	鼓励学生自己思考，学会通过沉淀实践经验，表达自己的体会。
	根据学生不同的体会和思考，讨论鱼灯制作的传承和环保理念。	如：鱼灯制作不容易，有好长一段时间几乎失传，所以我们作为学生应该如何将鱼灯制作的手艺传承下去？引导学生进一步探索海洋、鱼类与人类的关系，树立环保意识。	学生展开讨论，表达观点，如可以通过校本课程学习做鱼灯。观察更多的鱼类，从书本、网络等渠道收集资料，了解并记录它们的生活习性，在同学之间进行分享。	训练学生的思维和口头表达能力。

操作难点解析：
　　学生在制作鱼灯后会有一定的感受和体会，但难以将自己的感受和体会有条理地表达出来并形成文字。所以，教师要充分引导学生整合自己的资料和体会，形成自己的学习档案。

课件下载		图片下载	

三、科学探究（建议 1 课时）

（一）本课主要内容

本课学习的主要内容是让学生在教师的指导下，探究如何制作、改良鱼灯。

课程主要分为四个部分：一是让学生现场观摩传统鱼灯的制作过程及其工艺；二是学生围绕传统鱼灯存在哪些不足、如何改良等问题进行小组讨论；三是学生进行课堂实验探索，如以鱼灯骨架的材料轻量化为主题；四是课后资料搜索，如对比采用何种灯泡取代蜡烛为佳，学生畅谈分享探究过程中的心得、体会。

（二）教学目标

1. 让学生了解传统鱼灯的制作工艺，比较材料的不同特性——重量、硬度、韧性等，产生探究物质世界的兴趣。

2. 让学生在探究材料的过程中，学会采用严谨的科学态度及探究事物的科学方法。

3. 让学生感受老手工艺人们设计和制作鱼灯的高超技艺及智慧，培养工匠精神。

（三）教学实施程序

环节	教学内容	教师组织和引导	学生活动	教学意图
	制作鱼灯的手工艺人现场展示鱼灯的制作过程。	引导学生了解制作鱼灯的材料、表演方式，提醒学生做好图像、文字记录。	现场提问。	让学生了解鱼灯制作的过程。
观摩学习传统鱼灯的制作工艺	引导学生提出问题。	教师引导学生进行小组讨论，如学生制作传统鱼灯可能遇到的难题等，教师随机指导。	1. 学生讨论，提出问题：传统的鱼灯制作对于小学生来说过大、过重，能否改变鱼灯骨架的大小和材料使鱼灯轻量化、小型化，让我们小学生能够拿得起、舞得动。 2. 蜡烛的灯芯不容易被掌控，有一定的安全隐患，需要对其进行改良，如用灯泡代替蜡烛。	促使学生养成审慎思考、提出合理质疑的习惯。
操作难点解析： 　　让学生针对鱼灯制作的过程提出合理疑问。				

（续表）

环节	教学内容	教师组织和引导	学生活动	教学意图
实验探索：鱼灯骨架的材料轻量化	拆解鱼灯，探究生活中常见材料及其特性。	带领学生拆解鱼灯，引导学生探究家中常见材料及其作用。	参与鱼灯拆解过程，了解鱼灯骨架的材料（主要是竹篾）。学生探查生活中常见的可用作鱼灯内部支撑的材料，并分析其优缺点以及为什么选取这种材料。	让学生留意观察身边事物，培养学生对物质世界的探究兴趣。
	总结探究。	总结探究，引导学生思考选取制作材料需要考虑的因素。因素：成本、硬度、韧性、重量。	全体学生参与学习，做笔记，提出质疑。	培养学生严谨的科学态度及探究事物的科学方法。
	进行鱼灯材料轻量化实验探究。	指导学生进行鱼灯材料轻量化实验探究。	进行鱼灯材料轻量化实验探究：成本调查、材料硬度对比、韧性对比、重量对比。	1. 培养学生严谨的科学态度及探究事物的科学方法。 2. 学生感受老手工艺人设计和制作鱼灯的高超技艺及智慧；培养学生的工匠精神。
	操作难点解析： 学生需要在教师的指导下进行鱼灯材料轻量化实验探究，边测量边做记录，保留好测量数据。			
对比探索：采用何种灯泡取代蜡烛	比较 LED 灯泡与传统灯泡的性能。	引导学生比较 LED 灯泡与传统灯泡的性能，做好记录。	从抗震性能、发光热量、亮度、耗电量、使用寿命、耐用性、环保性等方面比较 LED 灯泡与传统灯泡的性能。	—
	总结。	教师小结、补充。教师提问。	师生共同得出结论。	—
	操作难点解析： 对比环保性，比较 LED 灯泡与传统灯泡的性能。			

附：科学探究步骤

1. 调查：选择哪种材料最合适？

通过拆解和学习制作鱼灯，我们得知制作鱼骨的材料主要是竹篾，探究小组成员决定先探查生活中常见的可用作鱼灯内部支撑的材料，并分析其优缺点以及为什么选取这种材料。

例如：雨伞。雨伞的骨架是金属制作的，支撑性强，但比较重。

物品名称	骨架制作材料	优　点	缺　点
雨　伞	金　属	支撑性强	较　重

（1）确定探究内容

通过对生活物品的调查发现，选取制作材料时需要考虑的因素为：

① 成本（获取难易）；

② 材料硬度（是否容易产生划痕）；

③ 韧性（可弯曲程度）；

④ 重量（单位体积物体的轻重）。

（2）实验探究

生活中常见的材料有很多，经过讨论，本次选取的材料有铁丝、塑料、竹篾。

① 成本调查

成本可通过市场调查获取，需记录下价格高低和获取难易度。

材料名称	价　格	获取渠道	获取难易	备　注
铁　丝				
塑　料				
竹　篾				
结　论				

② 材料硬度对比

硬度，物理学专业术语，是指材料局部抵抗硬物压入其表面的能力。固体对外界物体入侵的局部抵抗能力，是比较各种材料软硬的指标。

实验选取同等长度和大小的各材料，相互进行刻画，根据痕迹的深浅情况确定材料的硬度。

材料名称	铁　丝	塑　料	竹　篾
铁　丝	—		
塑　料		—	
竹　篾			—
结　论			

③ 韧性对比

韧性，物理学概念，表示材料在塑型变形和断裂过程中吸收能量的能力。韧性越好，则发生脆性断裂的可能性越小。

实验选取同等长度和大小的各材料，用手弯曲其到折断，根据用力情况（用难、较难、较容易、容易表示）确定材料的韧性。

材料名称	是否容易弯曲	是否容易折断	其他发现
铁　丝			
塑　料			
竹　篾			
结　论			

④ 重量对比

密度是对特定体积内的质量的度量。密度的定义是物体的质量除以体积。

实验选取同等长度和大小的各材料，用电子秤称出材料的重量。

材料名称	重量（克）	结　　论
铁　丝		
塑　料		
竹　篾		

（3）数据分析

综合以上实验探究的结果，发现：

材　料	重　量	硬　度	韧　　性
铁　丝	最　重	最　硬	韧性较好
塑　料	较　重	较　硬	韧性最好
竹　篾	最　轻	最　软	韧性最差
结　论	虽然竹篾的韧性在三者之中最差，但其韧性足够用来制作鱼灯，其重量最轻，硬度最软，大小、长度可根据制作的需要进行加工，非常方便。		

经过对比，学生们发现竹篾最适合做鱼灯，而且湿润过的竹篾其韧性会更好，且不容易折断，这也使我们感受到祖辈们的智慧。

2. 课后资料搜索、对比：采用何种灯泡取代蜡烛？

（1）从抗震性能、发光热量、亮度、耗电量、使用寿命、耐用性、环保性等方面比较 LED 灯泡与传统玻璃壳灯泡的性能。（可以上网搜索资料，也可去五金店、灯具店实地采访。）

	LED 灯泡	传统玻璃壳灯泡
抗震性能		
发光热量（持续点亮 6 小时后测量温度）		
亮度（比较同等体积的灯泡）		
耗电量（达到同等亮度 24 小时）		
使用寿命		
耐用性（频繁开关）		
环保性		

（2）学生可能会得出的比较结果。

	LED 灯泡	传统玻璃壳灯泡
抗震性能	优	良
发光热量 （持续点亮 6 小时后测量温度）	灯泡基本不发热	灯泡发烫
亮度 （比较同等体积的灯泡）	更明亮	亮度一般
耗电量 （达到同等亮度 24 小时）	少	多
使用寿命	6 年以上	短
耐用性 （频繁开关）	耐用	不耐用
环保性	环保无害	不环保
课件下载 （提取码：p4rm）		图片 下载	

（3）教师小结、补充有关 LED 灯泡的优点。

① 节能，能耗仅为白炽灯的 1/10，节能灯的 1/4。

② 长寿，采用半导体芯片发光，无灯丝，无玻璃泡，不怕震动，不易破碎，使用寿命可达五万小时（普通白炽灯使用寿命仅有一千小时，普通节能灯使用寿命也只有八千小时）。

③ 耐用，LED 灯泡可以在高速状态下工作，而节能灯如果频繁启动或关闭开关，灯丝很容易发黑并很快地坏掉。

④ 固态封装，属于冷光源类型，抗震性能高，且基本上用不着考虑散热问题。

⑤ 价格低。

⑥ 环保，不含汞和氙等有害元素。

⑦ 光效率高，发热小，90% 的电能转化为可见光（普通白炽灯 80% 的电

能转化为热能，仅有 20% 电能转化为光能）。

⑧ 安全系数高，所需电压、电流较小，发热较小，安全隐患较少。

（4）教师提问：安装在鱼灯里面的灯泡，如何选择？要考虑哪些要素？

（5）师生共同得出结论。

鱼灯采用布料、竹篾制作，具有易燃性。鱼灯舞动时，动作幅度较大，灯泡要具有较好的抗震性能。LED 灯泡与传统灯泡比起来，优越之处在于：抗震、基本不发热、体积小、亮度高、省电、使用寿命长、耐用、环保无害。所以，LED 灯泡更适合安装在鱼灯里面。

四、工程制作（建议 2 课时）

设计制作新型鱼灯

（一）本课主要内容

本课的主要内容是通过观察、测量、按比例缩小等方法制作出适合学生使用的新型鱼灯。传统鱼灯又重又大，非常不适合小学生使用，本节课就是围绕解决这一问题而开设的。教材选用制作新型鱼灯这一题材，主要是为了利用和激发学生的创新能力和解决问题的能力来制作适合小学生使用和研究的鱼灯。

（二）教学目标

1. 让学生能够运用数学知识来对传统鱼灯进行测量与称重，按比例缩小鱼灯尺寸，增强学生的综合知识运用的能力、自主解决问题的能力。

2. 让学生积极发挥创意，完成制作新型鱼灯的设计方案。

3. 根据方案，结合老师的现场教授与视频学习，动手制作出若干改良后的小型鱼灯成品，以锻炼学生的动手能力、解决问题的能力，提高审美与艺术创造力、创新实践能力，传承非物质文化遗产沙头角鱼灯制作工艺。

（三）教学实施的程序

环节	教学内容	教师组织和引导	学生活动	教学意图
绘制草图	回顾测量方面的知识，了解鱼灯的架构。	请同学们回忆一下，我们在测量的时候需要注意些什么？	回忆测量相关的知识，运用所学知识，测量鱼灯的各个部分，初步了解鱼灯架构。	温习已有知识，从而了解鱼灯的架构。

（续表）

环节	教学内容	教师组织和引导	学生活动	教学意图
绘制草图	引导学生思考，想办法解决鱼灯又大又重不方便使用的问题。（方法：教授按比例缩小知识。）	请同学们思考：鱼灯又大又重不方便使用，我们怎么办呢？	小组讨论，思考得出按比例缩小鱼灯的方法。	充分激励学生自主提问、自主思考，提高小组合作能力。
	绘制草图，设计新型鱼灯。	请同学们根据传统鱼灯的架构和我们的需要，设计出适合现在小学生使用的新型鱼灯。	绘制草图，互相分享创意，设计新型鱼灯。	增强学生的创新思维、语言交流能力。
	操作难点解析：　绘制草图，设计新型鱼灯。要求学生结合已有知识进行绘制。			
制作新型鱼灯骨架	手工艺人现场教授鱼灯制作工艺。	请鱼灯制作的传统手工艺人为我们讲解制作的过程，亲自为我们示范各种工艺。	学生观摩并认真学习传统手艺。	让学生深切了解传统鱼灯的制作工艺。
	学生准备好材料，练习鱼灯制作的各种工艺，如削竹篾、打结、烤火弯圈、糊灯面。	同学们，经过上一环节的学习，我们现在来练习制作鱼灯的工艺吧。练习过后我们来互相分享活动过程中的感想与心得。	学生练习，并互相研讨工艺中的难点。	让学生熟悉鱼灯制作的工艺。
	根据设计图，制作新型鱼灯骨架。	同学们，现在请你们根据自己的设计草图制作鱼灯骨架，遇到难题时可以先通过小组讨论探究来解决问题。	学生独立制作，遇到难题时小组合作共同解决问题。	增强学生的动手操作能力、创新思维能力，培养学生的探究和合作精神。
	操作难点解析：　练习鱼灯制作的各种工艺，如削竹篾、打结、烤火弯圈、糊灯面，需要反复操作。			

（续表）

环节	教学内容	教师组织和引导	学生活动	教学意图
新型鱼灯制作	根据设计图糊灯面，完成新型鱼灯制作。	鱼灯骨架做好之后，请同学们根据自己的设计糊灯面，遇到问题时先通过小组讨论探究来解决问题。	学生完成糊灯面工艺，鱼灯制作完成。	增强学生的动手操作能力、创新思维能力，培养学生的探究和合作精神。
	检查，试验。	请同学们检查鱼灯的可使用性。	小组合作自检与互检。	完善鱼灯的各种功能。
	课程小结：学生互相分享鱼灯制作的点滴。	同学们，请你们互相分享鱼灯制作过程中的感想、心得。	学生互相分享制作成功的要素，并互相找出失败部分的原因。学生一起分享，一起进步。	培养学生的语言沟通能力、表达能力。
	操作难点解析：学生掌握鱼灯的设计、制作工艺。			
课件下载			图片下载	
新型鱼灯骨架制作——烤火弯圈视频下载			新型鱼灯骨架制作——打结视频下载（提取码：acq6）	

制作沙头角鱼灯舞皮影戏

（一）本课主要内容

本课学习的主要内容是学生根据沙头角鱼灯舞的故事情节，利用所学的编程知识、科学及机械相关的知识，完成沙头角鱼灯舞皮影戏的工程制作。

课程主要分为四个部分：一是教师讲授、演示编程及电子元器件的连接方法；二是由学生分组讨论，共同设计鱼灯舞皮影戏方案、解决方法以及优化方法；三是学生合作动手实践，主要通过舵机模块编程、模组平台与舵机的组装，完成鱼灯舞装置模型，并对模型外观进行测试与优化；四是根据沙头角鱼灯舞剧本，为主要角色及场景设计相应的动作，可设计 scratch 动画作为场景，并用灯带装饰，用舵机编程来展示沙头角鱼灯皮影戏。

（二）教学目标

1. 让学生学会正确使用电子模组 CocoMod（主控模块、舵机模块、舵机转接模块、LED 灯屏模块等）和可视化编程平台 CocoBlockly。理解 CocoBlockly 语言中程序设计的基本结构，掌握编程的方法和步骤。培养学生的综合知识运用能力、自主解决问题的能力以及艺术创造能力。

2. 让学生通过小组讨论，共同完成鱼灯舞皮影戏设计方案以及优化方案，包括需求定义与创意动脑、原型测试、电子编程以及外观制作。发挥创意，完成鱼灯舞皮影戏的设计方案，并根据方案运用舵机模块动手制作出鱼灯舞机械装置。在整个学习实践过程中，学生将锻炼沟通技巧，巩固团队精神和合作意识，传承非物质文化遗产。

（三）教学实施的程序

环节	教学内容	教师组织和引导	学生活动	教学意图
学习 CocoBlockly 编程平台的使用	了解主控模块、舵机以及舵机转接模块、教学模块。	给学生示范主控模块、舵机以及舵机转接模块、教学模块的使用。	进行简单的实践练习：舵机的来回转动以及角度控制。	了解基本的编程平台。
	掌握三种控制舵机的程序编写方法。	教授三种控制舵机的程序编写方法。	1. 直接使用舵机程序控制。 2. 增加循环程序实现慢慢旋转的效果。 3. 增加教学版程序，实现用教学模块旋钮控制舵机旋转的效果。	逐渐掌握程序编写的方法。
	操作难点解析： 　掌握舵机程序编写比较难，需要教师详细讲解、多次示范。			

（续表）

环节	教学内容	教师组织和引导	学生活动	教学意图
学习电子模块编程	LED 灯的电子模块编程。	教授 LED 灯的电子模块编程。	学生经过体验，学会并分享设置 LED 灯组，掌握画点、画线、画矩形、画图形等程序的编写方法。	正确使用 LED 灯的电子模块编程。
	RGB 色彩系统。	教授 RGB 色彩系统的使用方法。	学生能够使用 RGB 程序选择和显示特定的程序，并展开讨论。	掌握 RGB 色彩系统的使用方法。
	随机整数和函数赋值的命令。	教授随机整数和函数赋值的命令。	师生合作实现让 LED 灯屏随机变色的效果。灵活运用所学过的命令，实现 LED 灯屏灯光扩散的效果，发挥创意自主制作电子徽章。	学习随机整数和函数赋值的命令，提升 LED 灯屏的效果。
	灯带的使用与编程。	通过演示使学生掌握灯带的使用与编程方式。	实现跑马灯的效果。	学生通过增加灯带的效果，提升艺术创造能力。
	操作难点解析：　掌握电子模组（主控模块和舵机模块）、编程平台的使用以及工程制作技能与关键步骤。			
皮影装置安装	使用激光切割好的组件进行舵机安装、模组平台安装、模组平台与舵机组装、电池平台安装和模组拼接安装。	教师演示，让学生了解组件安装的方法。	学生通过小组合作，进行舵机安装、模组平台安装、模组平台与舵机组装、电池平台安装和模组拼接安装。	通过安装组件的过程，培养学生综合知识的运用能力，增强合作意识。
	测试鱼灯舞装置模型，对模型外观进行优化。	教师演示测试鱼灯舞装置的方法。	学生通过实践操作优化鱼灯舞装置的外观。	学生通过优化鱼灯舞装置的外观训练，提升审美与艺术创造能力。
	操作难点解析：　舵机安装、模组平台安装、模组平台与舵机组装、电池平台安装和模组拼接安装，需要教师反复演示和学生小组合作，多次尝试后达成。			

（续表）

环节	教学内容	教师组织和引导	学生活动	教学意图
皮影装置调试	调试线路连接、舵机调平、舵臂安装。	教师演示如何调试线路连接，进行舵机调平、舵臂安装。	学生分组讨论、合作，学会调试皮影装置。	学生通过学习调试线路和安装舵臂，增强团队合作意识。
	使用函数命令实现舵机控制程序。	教授如何运用函数命令控制舵机。	学生观摩，学会利用函数命令控制舵机。	学生学会使用函数命令控制舵机，简化效果，便于设计更复杂丰富的动作。这将提升学生的实践创新和综合知识运用的能力。
	操作难点解析：　学习使用函数命令实现舵机控制程序，需要学生反复调整程序，反复训练才能达到效果。			
设计鱼灯舞动作	根据沙头角鱼灯舞剧本，为主要角色及场景设计相应的动作。	教师演示如何利用 scratch 动画创作场景。	学生和教师一起设计 scratch 动画作为场景并使用灯带进行装饰。	学生通过完成 scratch 动画设计，提升综合知识运用的能力。
	操作难点解析：　将 scratch 动画和皮影工程相结合，制作出适合鱼灯舞的皮影表演背景，需要学生测量场景大小，并进行测试。学生需结合多种学习方式来实现。			
课件下载	（二维码）	图片下载　（二维码）		电子皮影视频下载　（二维码）

五、汇报展示（建议 1 课时）

学生以表演的形式将自己的探研过程展示出来，表演分为几部分：制作鱼灯—舞鱼灯—故事创编—绘本制作—谈反思—教师总结。

展示 PPT、视频、图片可扫以下二维码。

课件下载 （提取码：4tbe）		课程视频下载	
图片下载		汇报展示视频 下载	

六、评价反思（建议 1 课时）

（一）评价＝过程性评价＋结果性评价（总分 100 分）

1. 过程性评价（总分 50 分）

评价类别	评价参考	分值	得分
观博物馆"知"鱼灯舞	是否有目的地参观博物馆？是否做记录？遇到不懂的问题是否主动请教老师？	5 分	
圆桌会议"议"鱼灯舞，思维导图"思"鱼灯舞	是否有思维深度？提出问题是否全面、合理、有研究意义？	5 分	
科学探究"改"鱼灯	在实验的过程中是否专注？在遇到问题的时候能否通过自己的思考，或者小组讨论解决问题？	5 分	
收集数据"量"鱼灯，减轻重量"做"鱼灯	测量数据步骤是否正确、严谨？测量数据过程中遇到问题解决的途径是什么？小组合作是否进行了充分讨论与分工？在制作过程中是否专注？在手工制作的过程中能否和同学相互帮忙？能否有创意地解决手工制作中遇到的问题？	5 分	
亲身尝试"舞"鱼灯	动作是否规范？是否有灵敏适应力、和谐的协作力？	5 分	
剧本创编"写"鱼灯舞	能否独自细化角色形象，建立符合角色个性的形象？	5 分	
水彩绘本"绘"鱼灯舞	是否享受创作过程？能否提出有创意的绘画表达方式？	5 分	

（续表）

评价类别	评价参考	分值	得分
英语特色"译"鱼灯舞	能不能用正确的语法、恰当的词句翻译舞鱼灯舞的过程？	5 分	
皮影编程"演"鱼灯舞	能否在老师的指导下完成编程？能否与同伴协作完成表演？	5 分	
整体评价	是否倾听并尊重每个人的观点？能否在整个过程中保持富有成效的合作关系？是否在合适的情况下考虑到每个人的需求？	5 分	

2. 结果性评价（总分 50 分）

评价类别	评价参考	分值	得分
观博物馆"知"鱼灯舞	记录资料的数量、质量如何？是否整理资料并跟大家分享？展示的手抄报内容是否丰富，版面是否美观？	5 分	
圆桌会议"议"鱼灯舞 思维导图"思"鱼灯舞	能否做到版面美观、图文并茂？能否有创意地表达？	5 分	
科学探究"改"鱼灯	是否通过探究学习了解制作鱼灯材料的构成？提出的想法是否有创意？	5 分	
收集数据"量"鱼灯 减轻重量"做"鱼灯	测量数据是否正确？能否整理分析数据，并清晰表达？手工制作鱼灯是否达到效果，是否精美？	5 分	
亲身尝试"舞"鱼灯	动作是否规范？	5 分	
剧本创编"写"鱼灯舞	格式是否规范？语言是否生动形象，并符合角色身份和性格特点？	5 分	
水彩绘本"绘"鱼灯舞	配色是否美观？鱼儿形状是否美观，并基本符合鱼灯舞原貌？	5 分	
英语特色"译"鱼灯舞	内容翻译、语法使用是否准确？	5 分	
皮影编程"演"鱼灯舞	能否正确、有感情地说出人物的对白？是否有一两个富有个性的表演片段？	5 分	
整体评价	团队协作所创造的成果是否超过个人所创造的成果？	5 分	

（二）学生活动记录及反思

　　学生在活动的过程中，将自己所参加的活动以图文并茂的形式记录下来，并在最后对自己的表现进行反思。

学生成长记录 下载	

（三）项目式学习的优势

　　与常规的课堂教学不同，项目式学习时，学生由坐在教室里听教师上课，变为小组合作解决问题，激发了学生自身的潜力。学习成果呈现方式丰富多彩，学生通过演讲、绘画、小制作、小论文、研究报告、PPT 等方式展示学习成果，表现出了浓厚的兴趣和热情。同时，他们的表达能力、动手实践能力、写作能力等都得到了提升。教师们也因转变教学方式探索出了新的教学方法，变得更加专业化。

　　在项目式学习中所涉及的实际问题，往往会把学生引向相关课程内容或相关技能的学习，他们能从这种与实际问题关系紧密的学习中体会到，认识或观点是如何从日常的观察或实验中得出来的。例如，学生提出"鱼灯需按一定的比例缩小，可以方便我们小学生舞起来"，制作组的同学都是第一次做鱼灯骨架，对新型鱼灯的大小难以把握，他们就去找六年级的数学老师请教比例知识，把传统鱼灯按一定比例缩小制作；绘画组的同学通过多次尝试，最终选用轻薄通透的水彩颜料来绘制绘本，而且加上了电脑绘制，让绘本更好看。

（四）项目式学习的注意事项

1. 项目式学习需要教师设计有效的项目式学习评价

　　项目式学习评价贯穿于项目式学习的整个过程，教师要运用各种形式的评价策略来评价学生在项目式学习活动中的表现，进而促进学生学习。比如在项目开始阶段，可以采用头脑风暴、问卷调查的形式来评价学生的需求；

在项目进行中，可以使用日志了解学生的学习进度，也可以通过小组会议集中总结前面的学习，利用小组会议对小组项目式学习中遇到的问题进行解答和指导；在项目结束时，鼓励学生分享展示自己的学习情况，客观评价自己的学习。

2. 教师要从全局出发做好项目式学习管理

我们共同提出，"项目时间线"是一个非常有效的方法，可以使用它来组织项目式学习开始前、项目式学习进行中以及项目式学习完成后的各项活动，通过项目时间线，可以清楚地了解到在项目式学习的每一个阶段学生和教师的活动和任务。此外，在项目式学习过程中，教师还要根据项目实际指导学生做好小组分工。在项目式学习过程中，教师自己要及时做好资料整理，也要教会学生对资源和文件进行管理，引导学生学会与他人合作学习。

课件下载 （提取码：t6p0）		全部课程资料 下载	

附：活动图片展示

博物馆工作人员讲解学生提的问题

"非遗"传承人吴冠球先生教授鱼灯舞

美术老师教学生用水彩画鱼

鱼灯制作传承人吴天养教做鱼灯骨架

学生研究鱼灯材料

学生在调试舵机模块

第二节　盐田传统文化探究

——以制作疍家海上迎亲装置为例 *

课程背景与目标

　　盐田街道疍家文化历史悠久，被选入广东省非物质文化遗产名录，是盐田区一项宝贵的历史文化资源。我校处于盐田街道核心位置，这样天然的地理位置和情感纽带，促使我们更有义务和责任去探究、开发省非物质文化遗产之盐田传统文化——疍家文化。

　　项目式学习将疍家文化探究与多学科课程标准相结合，为学生提供具有真正职业体验意义的 STEM 教育。在探究过程中，学生自我探索提出问题，教师对学习过程进行引导并给予一定的学科专业指导。学生通过跨学科融合方式解决问题，提高对本专业的学习兴趣，提前了解本专业的具体岗位要求，增强对专业的职业自豪感和职业热爱，更好地为其职业规划做准备。

课程领域

　　语文、英语、化学、珠宝设计、艺术设计、计算机应用等

建议年级

　　高一、高二年级（珠宝设计、艺术设计和计算机应用专业）

建议课时

　　16 课时

教学过程

一、情境导入（建议 1 课时）

（一）本课主要内容

　　盐田街道疍家文化是广东省非物质文化遗产，具有鲜明的盐田区域文化

---

　　* 本案例由深圳市盐港中学提供，杜晓红、张强、王佳蕊、郑音共同执笔。项目组主要成员有杜晓红、张强、王佳蕊、郑音、刘雄鹰、黄大波、王凯书、杨金红、崔伟迪、姜云、盛斌、吴演丽、李洁仪、姚磊杰、钟潭容等。

特色。我校位于盐田街道核心位置、疍家文化中心地带，对于观察、了解、体验和传承疍家文化有着得天独厚的优势。本课旨在引导学生感受传统疍家文化的风土人情，了解疍家文化内涵，发掘疍家文化价值；鼓励学生结合所学专业知识与实际生活经验，设计疍家文化的相关产品，举办疍家文化宣传活动，弘扬疍家文化核心精神。在此过程中，不断增强学生的专业能力和职业自信及认同感，提升学生对我国优秀传统文化的热爱之情，培养学生的主人翁意识和社会责任感，为我国文化发展与精神文明建设贡献一份力量。

（二）教学目标

1. 激发学生对盐田本土疍家文化的兴趣，了解并热爱身边的非物质文化遗产。

2. 让学生能将疍家文化主题与自己的信息、艺术和珠宝等相关专业知识结合起来，对疍家文化进行传承和发扬。

3. 激发学生的探究兴趣和想象力，鼓励学生进行发散思维。

4. 培养学生发现问题、思考问题、解决问题的能力。

5. 让学生能够利用本专业的知识，通过学习完成"疍家文化艺术节海报"初始设计与制作，提高对疍家文化的兴趣，以便后面的学习探索。

（三）教学实施的程序

环节	教学内容	教师组织和引导	学生活动	教学意图
初步学习疍家文化	课前布置资料学习任务。	安排学生收集和学习疍家文化相关知识资料。	按照教师要求进行课前学习。	提前学习疍家文化基本知识。
	展示本节课的具体学习活动和任务。	"由于今年的疍家文化节即将开幕，请大家完成宣传疍家文化的海报或纪念品草图。"——利用真实任务驱动学生学习。	按照教师发布的要求进行思考，将已有的疍家文化资料进行分类，选取自己需要的部分。	从真实的场景和任务出发，要求学生找到专业知识和疍家文化的结合点。

（续表）

环节	教学内容	教师组织和引导	学生活动	教学意图
初步学习疍家文化	进行任务驱动教学。	教师组织学生小组讨论，互相交流自己了解的盐田疍家文化。	学生进行交流分享。	让学生明确自己对盐田疍家文化的了解程度，激发求知和表达欲望，产生认知冲突及展开学习的需求。
	操作难点解析： 　　部分学生收集资料不全，对疍家文化掌握不够，建议教师课前也准备一些必要的资料或提供收集资料的方向，引导学生分类总结疍家文化相关知识。			
研讨合作设计制作海报	学生根据自己的兴趣选择疍家文化相关要素，组成相应小组。	教师协调、辅助学生进行分组。	根据兴趣，加入相关小组，组成不同疍家文化要素组。	引导学生根据掌握的知识进行选题，为深入探究做好准备。
	学生根据自己选择的主题提取关键词或制作相应思维导图。	引导学生提炼疍家文化中的婚嫁、饮食和服装等相关特色。	结合教师给出的任务，进行小组头脑风暴。	让学生充分调动本身专业知识完成本课疍家文化的学习和应用任务。
	选定符合小组主题的关键词或思维导图。	教师辅助、引导学生讨论，并提问："这个思维导图中的疍家文化特点是什么？"	小组成员商量讨论选定本组目标。	培养学生的团队合作能力、知识表达能力和探究性学习习惯。
	小组间进行分享。	教师安排每个小组面向全体学生进行展示分享。	小组代表讲解，面向全体学生分享初步学习疍家文化的成果。	学生以PPT、思维导图等方式阐述其小组对疍家文化的了解和体会。
	小组成员合作完成本环节任务。	教师参与指导，可分别邀请艺术设计和计算机应用专业教师进行本环节指导。	小组学生利用剪纸、绘画等手绘方式或使用计算机设计软件进行创作。	引导学生将自己的专业知识和工具与小组同学提取的疍家文化特色相结合，进行本节课的任务——"疍家文化艺术节海报"的制作。
	操作难点解析： 　　学生刚开始接触疍家文化，虽然经过了初步的学习，但可能还是存在抓不住重点、学习目标模糊的情况。教师应引导学生分析总结。学生需结合本身专业和疍家文化特点进行思考并形成自己的观点。			

（续表）

环节	教学内容	教师组织和引导	学生活动	教学意图
作品分享点评	各组分别展示本节课作品，并进行相关介绍。	教师从疍家文化特点和专业水平两个维度进行评论并引导学生完善作品和想法。	小组学生进行本组作品展示。讲解本组作品中的疍家文化特色，并介绍使用了哪些专业工具（或软件）。	学生集思广益，思考采取什么方式来传播疍家文化，提出举办"疍家文化艺术节"的构思。不同专业的学生共同交流讨论可以切入展现疍家文化的方式和做法。
	展示结束后，引导学生进行下一环节学习。	教师提问："大家觉得真正的设计师是不是这样进行工作的呢？"引导学生进行下一环节的职业体验。	学生思考教师问题，回顾本节课的创作过程，准备进行下一环节学习。	让学生总结本节课的学习和创作过程，引起学生对职业体验的兴趣。
	操作难点解析：　　部分学生作品可能出现偏重专业展示而缺少足够的疍家文化元素特色的情况。教师注意引导学生反思，在下一环节尊重学生选择，尽量在学生感兴趣的行业中选择相关企业，进行职业体验。			
	课件下载		课程拓展资料下载	

二、职业体验（建议 4 课时）

（一）本课主要内容

实际生活中，艺术设计、计算机应用、珠宝设计等专业面向的职业选择范围广泛，有着多种具体工作岗位。在本环节中，学生可以根据在之前的学习中总结提炼出的盐田疍家文化知识，运用自己的专业知识，在真实的职业岗位上进行实践。通过本课程的学习，让学生有机会了解、体验相关岗位的日常工作内容、职责，初步认识职业和社会生活，这将对学生个人的职业生涯规划产生积极的影响。另外，教师引导学生进行兴趣探究的同时，结合实际并创造性地运用专业知识。

在我校附近不仅有保留完整的疍家古村落，还有专门讲述疍家特色的疍家文化博物馆。希望学生通过对疍家古村落和疍家文化博物馆的实地走访与考察，从多个方面近距离地探究身边的非物质文化遗产——疍家文化。本环节我们将邀请疍家古村落的老人和疍家文化研究专家，为我们讲述疍家文化的故事，带领同学们参与疍家文化的特色活动，以获得最直接、最真实的体验。通过以上学习，可以使同学们对疍家文化的起源与发展有一个深刻的认识。

探究疍家文化的同时，教师应引导学生思考如何将相关专业知识和职业技能用于疍家文化的宣传与传承上。艺术设计、计算机应用、珠宝设计等专业在文化与艺术相关产业可以胜任多种工作岗位。初步认识职业和社会生活，将对学生的个人职业生涯规划发挥积极作用，同时也能更好地让学生基于举办"疍家文化校园展"的想法，运用所学专业知识，锻炼职业技能，使学生可以在职业体验的辅助下，补充对疍家文化的认识和完成任务所需的必要技能。

（二）教学目标

1. 让学生对图形设计、工程报价和创新设计等具体职业岗位产生兴趣，初步学习、体验实际工作中所需工具、软件的操作。

2. 让学生了解文化博物馆的工作岗位类别和日常工作内容。

3. 让学生创新地将疍家文化元素运用到各自专业的相关工作岗位中。

4. 让学生在具体的职业体验中主动思考，形成自己的职业规划雏形。

5. 让学生从现代疍家人的实际情况出发，从自己专业角度进行思考，进而研究出解决方案。

6. 让学生在本环节中通过交流和记录，提高语言交流与写作能力（语文学科），观察、分析与解决问题的能力。

（三）教学实施的程序

环节	教学内容	教师组织和引导	学生活动	教学意图
准备环节	提前向学生发放相关资料，为前往职业体验的具体公司做准备。	教师向学生讲解本环节将前往的公司情况和准备工作。	学生提前收集相关公司的背景资料。	让学生提前收集好该公司的背景资料，了解基本职业守则和安全常识，对职业体验有预期目标。
	提前与相关公司负责人联系，了解体验参观的流程。	教师根据相关公司的安排提前对学生进行分组，以便到该公司后的学习、参观、体验顺利高效并具有针对性。教师要对学生进行相关的安全教育。	学生要服从安排，遵守相关规定。	提前做好安排。
	提前与畐家文化博物馆联系。	教师提前与畐家文化博物馆联系，了解即将参与的畐家文化活动，邀约畐家文化传承人，提前准备好相关工作等。	学生提前准备好相关资料和安全用具。	为学生的实地考察做好准备。
	操作难点解析： 　　需要联系的相关公司和进行实地考察的地点较为分散，需要多位教师进行分工合作。组织学生工作较为烦琐，教师需耐心对待。与相关公司进行联系时，教师需了解清楚可以体验参观的岗位和环节，方便进行统一安排，特别说明相关公司的注意事项，确保学生的职业体验顺利。			
职业体验	讲解职业，引入相关主题。	教师引导：今天我们将前往相关的企业进行参观并体验真实的职业岗位。	学生带好相关资料和记录表前往。	引导学生反思上一节课的学习内容，点出本环节的学习内容为职业体验。
	到相关公司后，先进行参观学习，聆听相关工作人员的讲解。	教师提前将学生分组，并与学生共同参观学习。	按照事先安排进行参观和学习。	让学生实地了解相关公司的运行，为后面的安排做好准备。

（续表）

环节	教学内容	教师组织和引导	学生活动	教学意图
职业体验	在相关公司的真实岗位上进行体验，由相关的企业培训人员或老员工带领师生体验并完成一个简单的小任务。	教师配合相关企业组织学生进行岗位体验学习。	进行职业体验学习。服从安排，注意安全。	让学生了解广告设计、珠宝设计与创新工艺品制作等相关公司，以及其具体分工和工作内容。体验相关专业的具体工作，学习具体的职业技能。
	体验结束后，在企业会议室进行点评，学生之间进行分享。	教师和企业培训人员共同对相关学生的分享进行点评。	积极参与分享。	让学生分享在真实岗位上的职业体验感受，加深对该职业体验的学习感受，增强职业自豪感，为自身的职业规划提前做准备。

操作难点解析：

　　本环节学习时间较长，可能会前往不同公司，需要重点关注学生安全。在学生进行岗位体验的时候，注意观察学生的体验学习情况。在可能的情况下，让学生尽量完成真实的小任务。在学生分享的时候，多与企业培训人员沟通，共同评价。确保学生尊重相关企业的要求，不打扰企业的正常运行。

　　在本环节中，学生通过真实的工作体验了解行业需求，并且将所学习的知识与技能运用到真实的案例中，实现"做中学"的建构主义教学；同时，通过职业体验，增强了学生的职业自豪感，更好地为自己的职业规划做准备。

环节	教学内容	教师组织和引导	学生活动	教学意图
实地考察	回顾前面的学习和职业体验情况，导入本课。	教师引导：大家通过职业体验学习，应该明白我们前面的课堂学习和真实的岗位工作有所不同。我们今天将前往疍家文化博物馆和疍家古村落进行实地考察，以便收集更多资料和发现真实问题。	学生复习疍家文化资料，对职业体验进行反思，补充自己需要收集和学习的疍家文化知识。	让学生复习已学习的疍家文化知识，结合职业体验的体会，带着目标进行实地考察。

（续表）

环节	教学内容	教师组织和引导	学生活动	教学意图
实地考察	进行学生分组。	教师根据学生人数和兴趣，将学生分成几组，各小组按自己的研究兴趣选定研究方向。	学生根据自己的研究兴趣进行自由分组。	培养学生团队的合作能力，并按相同研究兴趣分组以便共同学习。
	安排语文、英语老师进行教学指导。	教师提前准备好教授如何写参观日志和有关疍家文化的英文单词、句子。	学生按要求带好学习资料。	注意培养学生的文化意识、母语表达能力，并用英语宣传民族文化，建立文化自豪感。
	带领学生参观疍家文化博物馆。	带领学生进一步了解疍家文化方方面面的知识和具体特色。	学生有重点地进行观察和学习，在语文、英语教师的带领下学习。	培养学生的观察能力、语文写作能力和英语表达能力。
	组织学生前往疍家古村落实地考察。	带领学生从实际出发，观察疍家村落的实际情况，思考如何解决实际问题。	学生根据自己的研究主题，进一步采访、了解、发现疍家村落的实际问题。	培养学生的沟通能力、在实际生活和工作中发现问题和解决问题的能力。
	邀请疍家文化传承人为学生讲解。	让疍家文化传承人为学生进一步讲解疍家文化，让同学们更真实地接触疍家文化。	认真听讲解，针对参观中发现的问题提问。	训练学生深入探究的能力。

操作难点解析：
　　本环节要求学生带着目标前往目的地进行考察，可以要求学生提前将研究方向写出来。语文老师在参观前讲解参观访问日志的写法和注意事项；英语老师引导学生用英语介绍疍家文化，进行中西方文化比较，从文化对比的角度引发学生的研究兴趣。在实地考察的时候，注意强调学生遵守参观学习的次序和纪律，做到文明参观学习。
　　通过实地参观与访问交流，让学生充分了解疍家文化的内涵，从衣食住行等方面体会疍家文化的独特性，为结合本专业知识和制作相关作品做好准备。

课件下载			课程拓展资料下载	

三、科学探究（建议 6 课时）

（一）本课主要内容

基于对疍家文化的了解，学生开展全方位深入探究学习，发现和整理疍家文化在保护和传承方面待解决的问题。在科学探究过程中，艺术设计、珠宝设计、计算机应用等各专业的同学从本专业角度出发，补充专业实践知识，根据疍家村民的实际生活问题，提出解决方案，或根据上阶段的职业体验，修改自己的疍家文化初创作品或进行重新创作。

（二）教学目标

1. 让学生从专业角度对疍家文化的起源、食物、服饰和婚嫁等方面进行深入学习与思考。

2. 让学生根据上阶段职业体验的交流记录，总结筛选在本专业内可解决的疍家村民实际问题，进行解决方案的专业探究。

3. 让学生思考并解决疍家婚嫁文化中，服饰、首饰如何改造才能符合现代人审美和迎亲船只如何提高稳定性的问题。

4. 让学生通过本环节的学习，增强观察能力、交流与写作能力、分析与解决问题的能力。

（三）教学实施的程序

环节	教学内容	教师组织和引导	学生活动	教学意图
总结回顾	根据上阶段职业体验和实地考察的交流记录，总结筛选在本专业内可解决的疍家村民实际问题，进行解决方案的专业探究。	教师安排学生分组讨论，总结出相关实际问题，思考如何解决。	学生按实地考察时的小组进行分组讨论，重点描述疍家村民存在怎样的实际问题以及如何解决。	培养学生观察能力、交流与写作能力、分析与解决问题的能力。
	根据学生总结出的需要实际解决的问题，进行重新分组。	教师注重选取可执行度高、可在课时内完成的问题，如设计具有疍家文化特色的工艺美术品和珠宝作品等。	学生根据相关问题出发，进行分组合作。	让学生从实际问题出发，从问题中学习。

（续表）

环节	教学内容	教师组织和引导	学生活动	教学意图
总结回顾	**操作难点解析：** 　　由于在职业体验环节得到的资料较多，部分学生提出的问题过于复杂。教师需要从专业和可行性等方面进行筛选，还需要考虑解决相关问题所需的时间和专业设备、器材等。因此，经过学生讨论，选取了能重现疍家文化特色的主题——制作疍家海上迎亲装置。			
专业学习	根据实际问题——制作疍家海上迎亲装置，总结岗位体验心得，进行专业探究学习。	教师根据选取的问题进行分专业、分学科教学准备，进行规划分工，如计算机应用专业的学生负责 3D 打印、制作人偶和装置上的智能设备，艺术设计专业的学生负责设计和制作疍家海上迎亲的服饰，珠宝设计专业的学生负责设计和制作相关的首饰、挂件等。	学生提前准备好相关学习资料和用具。	让学生结合专业进行作品创作。
	计算机应用专业教学 1	教师根据疍家海上迎亲装置需要，向同学们介绍制作角色人偶需要使用的 3D 建模和打印等专业技术。	学生学习 3D 建模和打印专业技术，并练习操作。	学生学习和掌握相关的 3D 建模和打印专业知识。
	计算机应用专业教学 2	教师根据疍家海上迎亲装置需要，引导学生进行智能装置的学习。	学生根据教师介绍的智能装置专业技术进行学习。	学生学习和掌握相关的智能装置专业知识。
	艺术设计专业教学	教师根据疍家海上迎亲装置需要，引导学生根据前面学习的疍家文化特色进行服饰设计、画草图等艺术专业教学。	学生根据教师讲解的相关艺术专业知识进行学习。	学生学习相关的艺术专业知识。

（续表）

环节	教学内容	教师组织和引导	学生活动	教学意图
专业学习	珠宝设计专业教学	教师根据疍家海上迎亲装置需要，结合前面所观摩的疍家文化特色进行疍家特色珠宝首饰和挂饰设计引导。	学生根据教师讲解的相关珠宝设计专业知识进行学习。	学生学习相关的珠宝设计专业知识。
	操作难点解析: 　　此环节各专业学科交叉学习较多，需各位教师把握好相关的专业知识要点，沟通合作，完善疍家海上迎亲装置的教学。			
学科学习	语文科目学习：疍家文化阅读欣赏教学。	教师进行疍家文化阅读欣赏教学课。观看《疍家海上婚礼》电影剪辑，阅读欣赏《疍家文化研究》，以诵读、演读（戏剧表演）、分享阅读批注、编民歌、绘画等方式展示小组学习成果。	语文课上，学生按照教师安排去学习与疍家文化相结合的内容。	引导学生阅读原汁原味的民俗文化，提升学生的文化底蕴，培养学生的社会责任感。学生在实践与阅读探究活动中，感受疍家文化的艺术魅力，陶冶情操。
	政治科目学习：从疍家文化看传统文化的传承。	展示疍家婚俗海上迎亲的视频、照片和哭嫁歌的文字介绍，提问： 1. 从疍家文化中，可以看到传统文化的传承性体现在哪些方面？ 2. 新娘子的穿着打扮有什么特色？体现了传统文化的什么特点？ 3. 在筑梦新盐田，建设中国特色社会主义先行示范区的背景下，我们应如何对待疍家文化？	以小组为单位进行讨论：归纳传统习俗、传统建筑、传统文艺和传统思想四个方面的内容；从新娘服饰特色归纳出传统文化鲜明的民族性。通过小组探究讨论，得出对待传统文化的态度：取其精华，去其糟粕，古为今用。	帮助学生梳理传统文化，将课前实践活动中的感性认识上升为理性认识，实现从实践到理论的飞跃。培养学生辩证看待传统文化的能力，树立对待传统文化的正确态度，培养文化自觉和文化自信，提高学生的政治认同感。

（续表）

环节	教学内容	教师组织和引导	学生活动	教学意图
学科学习	化学科目学习：粗盐的提纯——帮助疍家村民从海水中获取食盐。	按照提取海盐、粗盐提纯原理分析，进行操作讲解及演示等环节。	听取讲解，观摩学习。	以疍家文化作为背景设计探究性学习任务，让学生深刻感受化学学习注重学以致用的新理念。
	操作难点解析： 本环节为学生提供了多科目与疍家文化相结合学习的环境。			
课件下载			课程拓展资料下载	

四、工程制作（建议 4 课时）

（一）本课主要内容

在本课中，学生通过对疍家文化的初步学习、职业体验和科学探究，选取了疍家人所提出的最具疍家文化特色的海上迎亲装置进行还原制作，并结合不同专业相关知识共同完成。其中学习计算机应用的同学完成 3D 建模和打印、智能设备与运动轨迹等设备安装调试；学习艺术设计的同学完成相应的疍家婚俗的服装设计；学习珠宝设计的同学完成具有新时代疍家文化特色的首饰和挂饰制作。

（二）教学目标

1. 让学生运用相关专业知识完成对疍家海上迎亲装置的设计和制作。

2. 让学生在现有的作品上进行创新，完成自己作品的设计。对初创作品，通过几个阶段的学习后进行反思、改进。

3. 让学生在本课中提高自己的观察能力、交流与写作能力、分析与解决问题的能力。

4. 让学生在完成作品的过程中，加强对本专业的审美能力，提高创新实践能力、综合实践能力、跨专业综合运用能力和解决实际问题的能力等。

（三）教学实施的程序

环节	教学内容	教师组织和引导	学生活动	教学意图
分工合作	将学生分成不同小组，为共同完成疍家海上迎亲装置的制作做准备。	教师按学生的兴趣与能力进行分组：3D建模与沙盘制作组、服饰与美化组、珠宝首饰与挂饰组、智能设备组。	学生按兴趣和能力进行分组。	为制作疍家海上迎亲装置做准备。
	小组间进行分工合作。	教师组织协调各小组的分工合作。	每小组按计划进行讨论。	培养学生的团队合作能力和小组间协调能力。
	操作难点解析： 　　小组较多、分工比较复杂，学生进行分组后，还需要教师再次协调沟通。			
3D打印与沙盘制作	利用3D建模打印制作所需人偶模型。	教师讲解3D打印所需的抽壳等工具。	学生用3D建模，设计所需要的6个人偶模型，并打印出来。	进行3D打印与建模学习。
	沙盘制作。	教师播放疍家海上迎亲视频片段和相关照片，引导学生制作相应的模拟沙盘。	学生利用木板和纸皮制作模拟沙盘上的疍家船只。	培养学生动手能力和沙盘制作能力。
	操作难点解析： 　　3D打印人偶模型时间较长，可以利用这段时间制作沙盘。			
智能设备安装	观摩疍家海上迎亲装置的原始动作轨迹。	教师逐步分解经典的疍家海上迎亲的步骤和相关人物的运动特征。	学生总结出在迎亲活动中，新郎要从本家船去新娘所在的礼船上，再把新娘带回到本家船上，这时伴娘就向新娘与新郎鞠躬。	为疍家海上迎亲装置运动轨迹做好复原准备。

（续表）

环节	教学内容	教师组织和引导	学生活动	教学意图
智能设备安装	动手安装。	教师指导学生进行舵机和履带等设备的安装与调试。	学生完成用履带将新郎送到另一只船上，展现新郎的运动轨迹，再使用履带控制新娘与新郎的运动轨迹，最后遥控舵机转动的方式让伴娘鞠躬。	重现了经典的疍家文化特色海上迎亲场景。
	操作难点解析： 　　注意引导学生观摩，了解原始的海上迎亲的整个动作轨迹。学生在安装调试智能设备时，注意舵机的安装和使用，巧妙地在履带运行处使用限位开关。			
服饰与美化	分析疍家服饰的特点等。	教师讲解：疍家文化最具特色的部分是婚嫁配饰，以大红色为主。它的传统婚嫁服饰也颇具特色，新娘的上衣共两套，以深蓝和浅蓝为主，新郎全身服装以黑色为主。	学生思考如何对婚嫁服饰进行现代化改良。	以现代审美方式进行改良才能让它易于为年轻人接受并传承。
	进行疍家服饰制作。	教师引导学生在服饰原有特色的基础上进行改良，并尽量保留服饰原有的特色。	学生保留新娘传统服饰蓝色，加入一些富有美感的图案和线条。共有三种服饰：新郎服饰、新娘服饰和伴娘服饰。	以艺术设计专业知识，完成疍家海上迎亲装置上的婚礼服饰设计制作，并放置在 6 个人偶上。
	操作难点解析： 　　本环节主要由艺术设计教师进行辅导和教学，服饰设计立足于疍家文化传统特色，并结合新时代的疍家文化婚礼服饰进行创新。			

（续表）

环节	教学内容	教师组织和引导	学生活动	教学意图
珠宝首饰和挂饰制作	分析疍家文化的民族特色、风俗习惯。	教师安排本次任务，制作一套符合疍家海上迎亲这一民俗特色的婚庆首饰。	学生利用收集到的疍家海上迎亲的特色元素，进行设计。	为疍家婚礼设计疍家特色的首饰和挂饰。
	进行首饰和挂饰的制作。	教师指导学生利用珠宝专业的注塑设备，制作疍家文化海上迎亲所需的首饰和挂饰。	学生动手制作相应的首饰和挂饰实物。	以珠宝专业知识来完成制作疍家海上迎亲的首饰和挂饰，并制作小型作品放在人偶上。
	操作难点解析： 　　本环节为珠宝设计教师进行辅导和教学，设计和制作出具有疍家文化特色的首饰和挂饰。			
指导其他作品	指导其他作品	教师提前指导学生进行海报、纪念品、智能洗手间等作品的设计和制作。	学生完成相关作品。	鼓励学生完成多样化作品。
	操作难点解析： 　　将其他的作品分为几个专业类别，由不同专业教师进行指导。			
课件下载			课程拓展资料下载	

五、汇报展示（建议 1 课时）

（一）本课主要内容

经过情境导入和职业体验的学习，各位同学已对我们身边的非物质文化遗产——疍家文化有了比较深入的了解，形成了自己独特的理解，也对这个历史悠久、内涵丰富的本土文化有了深深的热爱。经过专业/学科探究和工程制作的学习，各位同学了解了职业岗位要求和职责，锻炼了专业技能和素养，同时也积累了一定的学习成果和项目作品。为了更好地表达对疍家文化的热爱之情，更好地展现学生的项目成果，也为了更好地宣扬和传承疍家文化的内涵与精神，由各专业同学一起举办"疍家文化校园展"，并邀请疍家村民和相关专家进行点评。

（二）教学目标

1. 让学生参与策划文化展，完成会场布置和展出，锻炼策划能力。

2. 让学生详细完整地展示自己设计制作的疍家文化作品。

3. 让学生通过文化展宣传疍家文化，锻炼沟通交流表达能力。

（三）教学实施的程序

环节	教学内容	教师组织和引导	学生活动	教学意图
回顾展示	回顾前面几个环节的学习情况，准备进行展示。	教师采用 PPT 和视频、图片等形式复习前面四个阶段的学习情况，出示终结评价量表，安排学生进行作品展示。语文、英语教师指导学生作品展示文档写作。职业指导教师指导学生做展示前的准备。	学生回顾前面的学习内容，根据量表展示各自的作品。	通过回顾前四个阶段的学习和研究、制作过程，进行复习总结。让学生根据终结评价量表进行准备。
	邀请疍家村民和相关专家对展示作品进行点评。	教师定好文化展时间，邀请疍家村民代表和相关疍家文化专家参加。	学生在汇报过程中，带好过程记录资料，并在汇报过程中展示。	培养学生的交流与展示能力。
	汇报反思。	教师鼓励其他小组的同学对各作品进行提问与评价。	学生对自己的作品进行自评并参与他人作品评价。完成终结评价量表后进行反思和总结。	评价方式为小组互评、小组自评和教师、专家评价。

操作难点解析：
　　由于展示作品数量和种类众多，需要教师先进行分类，并挑选最能代表疍家文化的作品让疍家文化专家点评。在评价过程中，教师还要组织学生进行讨论和评价，要求学生在展示时发现问题、提出问题和解答问题，培养思考能力。

（续表）

环节	教学内容	教师组织和引导	学生活动	教学意图
疍家文化校园展	组织学生进行"疍家文化校园展"。	教师向学生布置"疍家文化校园展"的任务：展品布置、文化讲座、文化交流、展示宣传、文创产品介绍、文创产品销售。	学生对展览主题内容、地点、方式、时间进行细致周到的设计安排。根据选定的空间和展出的作品数量及形式进行空间设计、区域划分，计算出所需展厅的面积，充分利用空间，用悬吊、摆放、张挂等方式进行展示，并合理设计观摩路线、方向、进出口等。	"疍家文化校园展"既宣传展示了疍家文化，又锻炼了学生的沟通交流表达能力。
操作难点解析：				
进行"疍家文化校园展"时，由于参展和参观人数众多，所以特别需要注意安全问题。在可能的情况下安排 VR 和无人机提供多维体验和航拍。				
课件下载			课程拓展资料下载	

六、评价反思

"盐田传统文化探究"STEM 案例的整个过程，培养了学生参与活动的热情以及将所学知识运用到生活中的意识。本次"疍家文化校园展"，以一种让人耳目一新的文化形式，让学生获得对千百年来海洋先民们所创造的疍家文化的认同感。通过传播海洋情缘和疍家渔民文化，让学生认知家乡、感受家乡、了解乡的风土人情。各个专业的学生学习热情和兴趣非常高，各学科与专业教师也对相应的教学效果非常满意。在完成了这个学习过程后，学生最后展示的学习成果也是丰富多彩的，达到了该案例学习的预期设计目标。通过本次案例学习，我们也总结了一些经验，将在我们以后的 STEM 案例学习中继续使用：

（一）组建 STEM 教学小组团队

因为 STEM 教学是多学科融合的跨学科教学模式，所以相应的教学就需要多个学科与专业的教师参与进来一起教学。同时，STEM 教学需要贴近实际，对学校的课程安排有较高要求，需要团队教师们进行协商安排。STEM 课程比较注重工程、技术、数学和科学等方面的知识培养，而我校作为综合高中符合相关专业与学科要求，所以我们团体不仅有数学、信息技术、语文等学科教师参与，也有艺术设计、珠宝设计等相关专业教师参与，这样对学生的全面发展与职业发展有着积极作用。组建 STEM 教学小组团队可以让跨学科的 STEM 教学顺利开展，也能让各学科与专业教师互相研讨与学习，提高教学效果和教学能力。

（二）形成 STEM 教学流程与模式

STEM 教学需要学生自主探究并运用各种不同的评价方式，不能再依靠以前的教学模式和传统的纸笔评价方式。学生的创新能力和实践动手能力等不能再用原来的直观评价方式，需要回归到"发现问题—探究问题—解决问题"的评价量表中，将学生自评与小组互评、小组内评价和教师评价相结合。最好在每个任务发布前，教师应给予学生明确的任务目标并发放相关评价量表。同时我们根据教学需要，将 STEM 教学分为情境导入、职业体验、科学探究、工程制作、汇报展示和评价反思六个环节，分步骤、按阶段引导学生探究和解决实际问题。

（三）探究成果应该多样化

STEM 教学以学生为本，学生根据自己的探究与兴趣制作出各种各样的探究成果。学生小组既可以运用计算机软件等制作物体模型，也可以使用各种工具和技术制作实物。

我们研发的"盐田传统文化探究"STEM 案例，不仅引导学生在探究学习中解决实际生活中的问题，更让学生提高对各学科的学习兴趣，增强了对专业的职业自豪感和职业认同感，更好地为自己的职业规划做准备，同时也增加了师生之间的感情，让教学更愉快。

附：活动图片展示

以"疍家文化艺术节"开幕海报制作进行情境导入

学生在相关公司进行具体岗位
体验实操

学生动手制作

学生通过软件制作和手绘的疍家文化宣传海报

部分艺术作品与珠宝作品

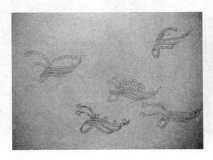

设计图

剪　纸

设 计 图

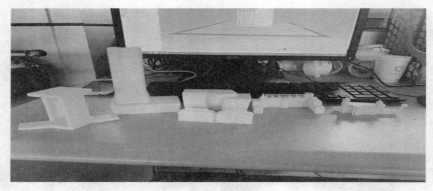

3D 模型与打印作品

服　饰

首　饰

挂　饰

学生创新设计的疍家新型智
能分流卫生间

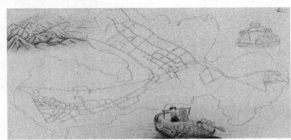

学生制作的疍家村落地图
和疍家港口智能化沙盘

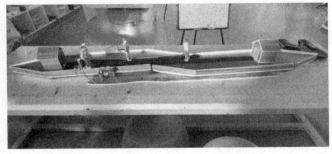

学生制作的疍家文化
特色——海上迎亲装
置智能场景

第三节　博物馆之项目式学习

——以探究深圳市南头古城为例 *

课程背景与目标

南头古城是深圳历史文化的起源。随着城市化进程，南头古城逐渐被人们忽视。南山实验教育集团园丁学校毗邻南头古城，有一部分学生还是里面的原住民，即使古城是我们生活的一部分，很多人仍然不了解它。为了加强同学们对古城的了解，吸引更多的人关注古城，将古城推向世界，我们采用了项目式学习的方式对古城进行探究。

通过开展跨学科项目式学习，促进学生核心素养的发展。通过"基于学科"或"基于主题"的项目式学习，多学科教师协同实施，充分发挥课程优势，进行整合式跨学科学习并在爱国主义教育方面打下精神底色，在古城文化产业发展上提供创意设计支持。

尝试构建一种"古城"学习范式，以期举一反三，由南头古城推及其他古城。

课程领域

工程、美术、历史、地理、设计、数学、语文

建议年级

六、七年级

建议课时

10 课时

教学过程

一、情境导入（建议 1 课时）

（一）本课主要内容

针对项目式学习的主题，分工、组队，设计有针对性的调查问卷，初步

　＊　本案例由深圳市南山实验教育集团园丁学校提供，项目组成员张建伟、王正升、袁宝军、郭欢、孙跃、刘少芳、宋丹丹、郑纬、杜珊共同执笔。

认识南头古城。

（二）教学目标

1. 让学生在每个小组中明确自己的职责和任务。

2. 让学生自己设计调查问卷，并有针对性地进行调查。

（三）教学实施的程序

环节	教学内容	教师组织和引导	学生活动	教学意图
导入新课	如何进行分工。	教师前期准备好本项目的设计书，具体介绍项目如何开展及主要工作内容，引导学生通过项目内容进行设计。	学生通过教师的引导，按照自己的兴趣爱好组建相应的小组。	让学生学会在具体项目中根据自己的兴趣爱好分工合作。
	操作难点解析：　　部分学生对自己的兴趣点较为迷茫，需要教师帮助其准确定位、激发其后续研究兴趣。			
团队建设	如何高效、快速地进行团队分工和组队。	教师引导学生按照每个小组的主题及自己的兴趣爱好选取自己的职位。	学生按照自己的兴趣爱好组队。	让学生学会组建团队及分工。
	操作难点解析：　　如何组队及确定小组成员的分工是难点，教师应根据实际情况确定组长并对组员进行调整。			
设计调查问卷	如何设计调查问卷。	教师根据项目式学习的目标，引导学生设计相应的调查问卷，提高项目式学习前期的效率。	学生以小组为单位自行设计相应的调查问卷。	学生学会设计调查问卷。
	操作难点解析：　　学生在设计调查问卷时会有一筹莫展的感觉，需要教师引导。			
南头古城实地探访	实地探访南头古城。	带队老师带领小组成员，实地探访南头古城。	学生在教师的带领下，根据分配的任务进行采访和收集相关资料。	引导学生学会实地探访。

（续表）

环节	教学内容	教师组织和引导	学生活动	教学意图
南头古城实地探访	**操作难点解析：** 　　提醒学生注意与当地居民沟通交流时收集的信息是否有效，问题调查是否顺利。			
修改调查问卷	通过实地探访，对调查问卷进行修改。	教师对学生前期设计的问卷提出一些建设性的建议。	各组学生认真思考及讨论，提出问题。	学会对调查问卷进行删减和提炼。
	操作难点解析： 　　提醒学生思考：再次设计调查问卷的突破口在哪里？难点在哪里？			
学生调查探寻单下载		小组组队宣讲 PPT下载		

二、职业体验（建议 2 课时）

（一）本课主要内容

　　学生在已有认知的基础上，通过调查、走访、文案策划、创意设计等多种途径体验、推广与南头古城相关的职业。本课旨在让学生保持探究兴趣，尽自己所能推广南头古城，增强社会责任感。并在教师的引导下，体验不同职业解决问题的方式，培养合作、互助的精神，提高学生认识问题、思考问题、解决问题的能力。

（二）教学目标

　　1. 让学生对市场调查员、文案策划员、数据统计员、创意设计师等相关职业产生兴趣。

　　2. 让学生了解以上职业之间的联系，并从从业者的角度思考南头古城的文化推广问题。

　　3. 让学生自主创新，了解并承担相关职业的责任，增强社会责任感。

（三）教学实施的程序

环节	教学内容	教师组织和引导	学生活动	教学意图
介绍职业，引入主题	在上节课中，同学们已经对南头古城有了一定的认识，并且认识到推广南头古城的重要性。这节课主要了解和探索南头古城从业人员的构成。	教师带领学生走出校园，一起去参观、走访、描画南头古城及南头古城博物馆。	"诵"古城小组带上课前准备好的采访提纲和资料，"画"古城小组带好素描材料出发去南头古城。	学生分为两组分头行动，参观完毕后，再交换意见，可以提高效率。参观南头古城博物馆、采访南头古城居民，了解推广南头古城面对的受众群体及其需求，保证策划的科学性、针对性，有利于确定宣传重点及策略。启发学生从从业者的角度去思考问题。
	操作难点解析： 　　该课程职业体验不设限制，学生对一些职业比较陌生，在实践效果上可能存在较大差异。			
参观采访，职业体验	环节一：采访南头古城居民及博物馆工作人员，实地考察南头古城建筑及布局。 环节二：实地参观南头古城博物馆。	"诵"古城小组：发放问卷，在南头古城博物馆听取工作人员介绍。	学生参观南头古城博物馆，充当市场调查员采访工作人员及南头古城居民。	锻炼学生提出问题的能力、采访的能力、总结统计的能力，养成仔细观察及随时记录的习惯。
	环节三：在教师的组织下各小组总结意见。	参观、走访南头古城后，组织各组学生统计采访数据，交流南头古城建筑及布局特点。	以从业人员的身份分组总结工作内容。	加深职业体验，体会不同职业间分工协作的精神。
	操作难点解析： 　　提前联系南头古城博物馆相关负责人，并预约好时间，组织学生参观。需注意外出安全。可以尝试采取家长参与协助，学校开具活动证明的方式，提高学生与不同职业从业人员交流的效率。			

（续表）

环节	教学内容	教师组织和引导	学生活动	教学意图
立足实际，分享交流	环节一：两小组共同交流工作内容以及收获。	讲清规则： 1. 我的职业身份是＿＿＿； 2. 我了解到了＿＿＿＿； 3. 为了推广古城我认为，＿＿＿； 4. 组长：我们认为可从以下几个方面推广古城：＿＿＿＿。	学生提前准备好采访内容以及小组交流的结果。	从不同职业的角度去看待南头古城，让学生全面认识南头古城，并为推广南头古城做出初步计划。
	环节二：采访专业文案策划人员和创意设计师。	多角度了解推广南头古城所需要的专业知识，体会每个职业的社会责任。	学生对文案策划人员和创意设计师提出问题。	锻炼学生的采访能力、理解能力。
	操作难点解析： 　　邀请文案策划人员或者创意设计师进行交流有一定的难度，可以尝试运用社区资源或家长资源去帮忙解决此问题。			
拓展延伸，深入探究	布置课后作业：采访身边的老师、家长、朋友对南头古城的看法以及对推广南头古城的建议。	引导：结合今天的采访或者实地考察情况，你们可以去采访身边的老师、家长和朋友，了解他们对南头古城的看法以及对推广南头古城的建议。	结合采访稿或者实地考察草图，丰富采访记录及推广文案，并在课后完善推广文案及南头古城建筑图。	培养学生的写作能力及系统分析、解决问题的能力。
	操作难点解析： 　　为保障课后采访的内容必须有深度和有意义，学生需要提前构思问题，形成一个访谈模板；两个小组完成策划文案和建筑图有一定的难度，需要教师辅助。			
南头古城采访提纲 下载		"古城十景"介绍词 下载		

三、科学探究（建议 2 课时）

科学探究之人文内涵

（一）本课主要内容

为了增进同学们对古城的了解，本课将引导学生通过视频欣赏、查找资料以及头脑风暴等方式了解南头古城的历史文化价值，探寻打造南头古城现代风貌的具体对策，如物质、经济、文化以及主体等方面。

（二）教学目标

1. 在探究分享中加深学生对南头古城历史文化价值的了解。

2. 在头脑风暴中增强学生对南头古城历史文化价值的认同感。

3. 让学生探寻打造南头古城现代风貌的具体对策，如物质、经济、文化以及主体等方面。

（三）教学实施的程序

环节	教学内容	教师组织和引导	学生活动	教学意图
初步认识南头古城历史	教师给学生播放关于南头古城的一些图片。	思考： 1. 这些图片都是哪个地方的。 2. 请你说说你对南头古城的历史有哪些了解。	结合生活中的经验，产生对南头古城历史价值探究的兴趣。	学生从身边熟悉的场景去感受南头古城，引发探究南头古城的兴趣。
	操作难点解析： 　　学生对南头古城表面上非常熟悉，但是实际上对其历史却了解甚少，需要教师引导。教师在前期备课中，需要寻找关于南头古城的大量图片、历史故事等资料，加深学生对南头古城历史的认识，激发其探究南头古城历史的兴趣。			
查阅信息，研讨分享	老师布置任务：学生在阅览室或电脑室利用网络、图书查阅关于南头古城历史的资料。	组织学生到阅览室或者电脑室查找资料，各小组在收集资料的过程中，将资料记录下来。	通过查找资料，提出与南头古城历史有关的问题，根据最感兴趣的问题进行分组，如饮食、建筑、历史人物等。	锻炼学生收集和整理资料的能力，并能从中提出与南头古城历史相关的话题。

环节	教学内容	教师组织和引导	学生活动	教学意图
查阅信息，研讨分享	给学生分组。	教师根据学生人数自由分组并选定研究方向。	根据自己提出的问题自由组队。	提高团队合作能力。
	整理学生查找的资料，并提出问题。	引导：同学们对南头古城的历史已经有了初步的认识，对于这样一座历史文化底蕴深厚的古城，我们将如何吸引更多的人关注，并将它推向世界？	收集资料后，学生对南头古城历史有了一定的认识，思考教师提出的问题。	学会全面看待问题，为接下来的任务做好铺垫。
	操作难点解析： 　　授课地点建议选在电脑室或阅览室，能够让学生在课堂上完成收集资料的任务。学生必须遵守功能室的纪律和操作规则。			
头脑风暴，确定任务	提出问题：作为一名社区的居民以及在校的学生，我们能够为此出谋划策吗？	引导：我们如何让更多的人关注古城、了解古城现状？我们应收集关于古城现状的哪些信息？	学生综合自己了解到的信息，重新整理、表达。	聚焦学生提出的问题，提出本项目的任务。
	根据学生的想法，引导学生讨论。	经过教师的引导和学生的讨论，确定任务：设计出关于探究古城现状的采访单和问卷调查表。	学生讨论问题，及时总结、归纳本项目任务。	明确本项目的任务。
	操作难点解析： 　　引导学生从南头古城的历史和现状两个方面去思考打造南头古城的具体对策，如物质、经济、文化以及主体等方面。学生的想法可能天马行空，需要提醒学生从已有的知识出发去思考，最终清晰、明确本项目的任务。			
拓展延伸，发散思维	布置作业：课后实地走访南头古城，验证相关资料。	提出问题：同学们已经掌握了了解南头古城历史的方法，能否用同样的方法去查找小组没有提出的问题？	学生在课后进行实地走访调研，进一步了解南头古城的现状。	调取既有知识，为讨论新情节预热。
	操作难点解析： 　　想让学生在课后继续进行资料的收集、整理和完善，教师需要使用过程性评价量表调动学生的积极性。			

科学探究之古城测量

（一）本课主要内容

为制作南头古城模型，学生需要对大量的数据进行计算。对南头古城进行量化，可以更直观地展现南头古城居民的生活状况。原计划"量"南头古城由七年级学生进行，由于人员变动、学期计划变动等因素，调整为六年级与七年级学生组队进行。六年级、七年级学生已在小学数学课、科学课、综合实践课上学习过基础的三角形、直线测量等知识。由几名热爱探究的学生作为组长，带领其他组员协作完成。

（二）教学目标

1. 知识与能力

（1）通过对南头古城进行数据化分析，了解南头古城的历史、规划，并从中探究历史原因。

（2）学会透过现象和数据分析文化本质，活学活用。

2. 过程与方法

（1）在研究性学习中充分掌握并合理运用调查法、实验法以及多种测量工具、计算方法。

（2）学会通过数据的比对和分析，得出更优的数据化建议。

（3）初步掌握建模的基本操作方法并完成作品。

（4）增强沟通能力以及团队协作能力。

3. 情感态度价值观

通过主题活动，树立高度的文化自觉和文化自信，以及对城市及其历史的认同感。

（三）教学实施的程序

环节	教学内容	教师组织和引导	学生活动	教学意图
测量指导课	根据已有的南头古城导引图和自身经验、体会，初步绘制参观路线图；标明基本方位、城门等地标。学会发现标志建筑物。	多学科教师联合指导学生标注地图的特征时应注意的事项，如需要注意的参数等细节。	了解南头古城和南头古城博物馆的开放时间，制订出行方案以及安全预案。准备出行携带设备。制订参观目标（社区居民对南头古城的态度、周边环境等）。	让学生了解南头古城中具有历史代表性的建筑。

（续表）

环节	教学内容	教师组织和引导	学生活动	教学意图
数据采集	体验测量工具的使用。	引导学生使用分贝仪、轮式测距仪、红外测距仪、软尺、温湿度计等工具在不同地点进行测量。	分组进行，观察总结不同工具测量同一物理量有何区别。	让学生学会根据爱好和特长分组。
数据处理	学习数理化等计算公式与法则。	教学：平均距离、勾股定理。	利用周末时间进行测量，并在课堂上汇总数据。分析测量方法的可靠性，以及数据的意义。	让学生学会利用学科知识解决问题。
自主学习、成果展示	数据处理、成果汇报。	培养及锻炼学生的数据分析、语言表达能力。	整理、分析、调整使用数据。	让学生学会处理、合成、优化数据。

操作难点解析：

学生对新公式 $S_{平} = \dfrac{x_1 + x_2 + \ldots + x_n}{n}$ 以及 $a^2 + b^2 = c^2$ 不熟悉，计算量偏大；对工具使用不熟练，需要多次重新测量。

测量作业纸
下载

四、工程制作（建议 4 课时）

工程制作之模型制作

（一）本课主要内容

将学生测量得到的南头古城的数据，进行数学运算、科学分析以及图纸绘制，并从网上采购相关材料，动手制作南头古城的整体模型。南头古城建筑物众多，选取代表性的牌坊、南城门、东莞会馆及新安县衙作为主体模型，其他场景进行简化。比例尺定为 1∶100，学生对前期的图纸进行第二次实地检查。

（二）教学目标

1. 让学生学习绘制图纸，掌握 3D 打印需要的信息技术知识。

2. 让学生按照比例尺 1∶100，制作南头古城模型并优化。

（三）教学实施的程序

环节	教学内容	教师组织和引导	学生活动	教学意图
模型制作协调会	结合项目前期准备及后期校内外展示需要，学生提出像积木一样"模块化"的模型制作想法，便于专注细节以及后期搬运。	引导：如何将南头古城浓缩在人们的眼前，以合适的大小比例凸显其特点？	1.选取代表性的牌坊、南城门、东莞会馆及新安县衙作为主体模型，其他场景进行简化。 2.比例尺定为1：100，学生对前期的图纸进行第二次实地检查。	南头古城建筑物众多，学生在前期多次实地探访后，具备一定的整体印象和想象能力。
	操作难点解析： 　　比例尺的选择以及呈现建筑的选择需要选用和借鉴其他小组成员的成果。			
材料采购及图纸转化	从数据到图纸的转化，目的就是吸收前面图表中的有用信息，参考已有图片，制作出对本模型有一定帮助的图纸。	引导：如何将抽象的数据转化成形象的图纸？	学生对比数据，对图纸进行二次修改和利用。	锻炼学生利用数据和转化数据的能力，以及抽象与形象关系的研判能力。
	操作难点解析： 　　数据整理的相对复杂、测量的误差都可能影响图纸的转化。			
材料采购实施及处理	利用网上购物，以及师生收集废物进行再利用。	1.框架KT板：（1）底座：依照比例尺，模型成品尺寸将是60厘米×360厘米，现大部分私家车、商务车后排跨度最大不足160厘米，所以将底座按照60厘米×120厘米的规格分别制作成三块板材，底部用轻质木材进行交叉支撑，表面蒙油画布。（2）材料：采购一块60厘米×45厘米的KT板，依据需要进行切割。 2.涂料类：（1）选取环保颜料并对颜料进行调色。（2）外立面、屋顶利用造景泥装饰；非主体建筑物使用空白包装盒，经过技术加工、摆设模拟实景。	学生对选购的材料进行数量计算及加工组装。	培养对经费的最大利用能力、废物二次利用的能力，动手组装的能力。

环节	教学内容	教师组织和引导	学生活动	教学意图
材料采购实施及处理	**操作难点解析：** 　　科学选择生活中的废弃物品，选定组装场地，安排组装时间。			
制作流程	尝试利用集中时间和课余零散时间搭配进行，完成南头古城模型的制作。	1. 测量数据结合结构草图制作成图纸。 2. 组员分工，切割各自主体模型所需要的材料（所需工具：直尺、美工刀、防割垫等）。 3. 将切割好的材料依照模型爆炸图平铺放置。 4. 使用深青色造景泥做外立面的装饰。 5. 热熔胶、超能胶等易毁坏 KT 板材，故选用黏合时间长但不破坏材料的白胶。 6. 第一次布景及调整（需现场考察）。	学生配合完成模型制作。	培养学生动手能力，提高相互配合的效率。
	操作难点解析： 　　模型制作工序繁杂，需要学生之间相互配合，以及教师现场指导。			

工程制作之文创周边

（一）本课主要内容

在本课中，学生在科学探究认识南头古城的基础上，根据南头古城实际情况完善推广南头古城的文案策划，并制作出"古城十景"明信片、宣传折页、创意地图及帆布袋等文创产品。

（二）教学目标

1. 让学生正确使用素描、水彩等技法描绘南头古城的建筑。

2. 让学生找准宣传重点，发挥创意选出"古城十景"并为其命名、写介绍词。

3. 让学生使用电脑设计并打印明信片及宣传折页。

4. 让学生能够发挥艺术创造力，制作艺术帆布袋。

5. 让学生在制作过程中提高审美创造能力、创新实践能力、综合知识运用能力，更加热爱南头古城。

（三）教学实施的程序

环节	教学内容	教师组织和引导	学生活动	教学意图
	分享文案策划，根据文案两个小组分工合作。	分析文案可行性，帮助学生确定分工。	班级内分享文案，确定具体分工。	锻炼学生协作解决问题的能力。
根据文案，完善设计	1. 两个小组共同选出"古城十景"。 2. "诵"古城小组为"古城十景"命名、写介绍词，组内总结意见并确定初稿；"画"古城小组根据"古城十景"及实地考察，继续完善南头古城地图及"古城十景"的写生。	1. 介绍"西湖十景""深圳十景"等为学生做参考，统一命名、介绍词风格及其他要素。 2. 美术老师指导"画"古城小组写生及渲染技巧，统一绘画风格，组织学生实地写生。	1. 选出"古城十景"。 2. 给"古城十景"命名并写介绍词。 3. 写生"古城十景"，继续完成古城地图。	为产出最后的文创产品做准备，并在这一过程中体验各种职业。
	操作难点解析： 　　地图讲究精准性，在这一过程中学生需掌握绘图比例、绘画等知识。			
小组讨论，设计制作	1. 两个小组交流进展并展示初步成果。 2. 确定"古城十景"命名及介绍词。 3. 了解明信片、宣传折页及帆布袋的制作等知识。	提出问题：现在我们基本完成了南头"古城十景"的命名及介绍词撰写，也完成了南头古城地图及"古城十景"的初步写生，为了推广南头古城，我们如何把这些结合起来做成文创产品呢？	学生讨论、交流初步成果，确定实现产品的方式。	确定"古城十景"及明信片、宣传折页的设计，了解帆布袋的制作步骤。

（续表）

环节	教学内容	教师组织和引导	学生活动	教学意图
小组讨论，设计制作	用 PHOTOSHOP 在电脑上初步设计明信片、宣传折页及帆布袋。	教师演示 PHO-TOSHOP 的简易使用方法并协助学生修改设计。	小组学习使用 PHOTOSHOP。	培养学生综合知识的运用能力，增强合作意识。
	教师指导学生的制作过程。	指导学生现场进行电脑设计。	根据教师教授的内容，当场进行操作。	培养学生的动手能力和计算机使用的能力。
	操作难点解析：　很多学生是第一次使用 PHOTOSHOP，需要多次练习，教师多次示范。			
整合优化，产品产出	1. 学生分组合作，基于已经做出的电脑设计成果，进行交流、优化。 2. 打印样板明信片、宣传折页、手绘地图，利用网络平台联系制作样板帆布袋，并根据样板效果再次优化。	引导学生对设计做出进一步优化。	各组学生分工合作制作。	培养学生艺术审美能力和选择材料的能力。
	1. 量产文创产品。 2. 向南头古城居民及游客发放文创产品。 3. 计划如何利用文创产品大规模推广南头古城。	1. 引导学生量产文创产品，把文创产品装袋，组织学生向南头古城居民、游客、博物馆负责人发放文创产品。 2. 组织学生就接下来的推广计划做讨论。	1. 学生参与量产文创产品工作，并向南头古城居民、游客、博物馆负责人发放文创产品。 2. 小组讨论之后的推广计划。	培养学生的跨学科学习能力、动手能力、宣传能力及统筹能力。
	操作难点解析：　学生进行量产产品实践及去南头古城发放文创产品可能会遇到困难，需要教师组织、引导。			
模型制作场景下载		"古城十景"明信片等文创样板下载		

五、汇报总结（建议 1 课时）

（一）本课主要内容

经过前四部分的学习，学生基于生活发现问题、提出问题，最终按照 1 : 100 的比例尺完成了还原南头古城主街道模型、"古城十景"明信片、古城帆布袋、古城宣传折页等任务，并且在设计和制作过程中对产品不断地进行优化和更新。这节课每个小组将自己的成果带上舞台，依据评价量表对自己的学习过程和成果进行汇报总结。

（二）教学目标

1. 让学生在汇报过程中锻炼语言表达能力，增强团队合作意识。

2. 让学生通过整理资料培养信息整合能力。

（三）教学实施的程序

环节	教学内容	教师组织和引导	学生活动	教学意图
回顾过程，导入新课	南头古城项目式学习从 2019 年 1 月学生实地走访、收集信息开始，经过将近一年的时间，学生通过自身努力、团队合作，在教师的指导下获得了多项成果。	学生确定任务之后，成立了各小组。每个小组根据教师的评价量表开始查找资料、实地走访。教师看到各组学生在绘画、宣传、测量、视频拍摄等方面不断学习和改进，完成了多项成果。现在，就让每组学生汇报展示吧！	回顾课程，准备展示。	学会对活动进行梳理总结。
	操作难点解析： 本环节主要回顾学习过程，需要学生提前熟悉流程。			
出示量表，学生汇报	出示终结性评价量表，学生围绕量表进行展示汇报。	组织学生按照"传"古城—"诵"古城—"画"古城—"量"古城的顺序依次汇报。	在汇报过程中，学生准备好过程性记录资料，在汇报过程中和产品一并进行展示。	锻炼学生的语言表达能力以及团队合作能力。
	操作难点解析： 为使展示过程逻辑清晰，小组展示顺序及主持人主持词要提前统稿并演练。			

（续表）

环节	教学内容	教师组织和引导	学生活动	教学意图
多种评价，完成量表	小组汇报后，教师鼓励其他小组提出问题并进行评价，汇报小组对问题给予解答。以教师评价、小组互评、组员自评等多种评价方式完成此环节。	如果没有人提问，教师可以用以下问题引导学生对汇报小组进行提问："这个小组的作品对于宣传南头古城有什么意义？""这个小组的作品有市场价值吗？""你觉得市场价值体现在哪里？"	对其他小组进行评价和提问。	培养学生倾听的习惯，学会合情合理地提建议。
	操作难点解析： 　　学生在聆听中要学会归纳问题、提出问题。教师要尽量指导学生进行互评和多维度评价，让学生使用精确凝练的语言描述过程。			
总结反思，拓展延伸	全部小组完成汇报并进行反思后，教师组织学生讨论。	回顾项目式学习的学习过程，学生总结自己在此过程中的收获与反思。	各组在完成终结性评价量表后，对每个小组的分数进行统计，评选优秀小组，课后继续完善作品。	培养学生的反思能力。
	操作难点解析： 　　根据评价量表进行优秀小组评选，老师要向学生强调评价并不是单方面的，而是多方面、综合性的。			
查看汇报视频			查看项目实施视频	

六、评价反思

（一）善于将研究性课题转化成实践性课程

本项目学习的开展，采取先做起来，再研究起来，最后回归课程的操作模式。"基于南头古城的项目式学习实践研究"先后获得南山区和深圳市两级课题立项，且已完成开题。因为涉及多学科教师的合作，前后反复举行了多个主题的研讨和协调会，以推进项目实施。

（二）善于进行小组分工及实施过程中的发展整合

学校成立"南头古城（博物馆）项目式学习小组"，并邀请专家做报告，深入理论学习，直观感受经典案例。之后，项目小组组织了三次探讨会，确定了项目在六年级和七年级中开展，利用寒假在项目班级下发了"南头古城探寻单"，收集后进行归纳整理。由"探寻单"可知，学生的热点问题集中在古城经济、文化旅游、历史文物、城门建筑等方面，也涉及军事海防、盐业历史、新安民俗、文物保护等。据此，项目组组成了六个团队，分别是思维导图"思"古城、查找资料"知"古城、收集数据"量"古城、手绘地图"画"古城、诗歌创作"诵"古城、视频制作"传"古城。并且利用统一时间集中宣讲，学生根据自身情况自由选择，教师合理调配，最终确定了六个小组的全部成员。之后各小组有序开展项目式学习活动，做好前期的活动意义、活动计划、评价细则、成果展示等项目推进表，稳步开展活动。后期由于学生们升学、学期变动及项目修改等原因合并为"传"古城、"画"古城、"量"古城以及"诵"古城四个项目小组。

南头古城项目展示演讲稿 下载	

附：活动图片展示

各项目小组活动动员会

学生采访南头古城原住民　　　　　　　学生写生"古城十景"

学生测量南头古城道路　　　　　　　学生制作南头古城模型

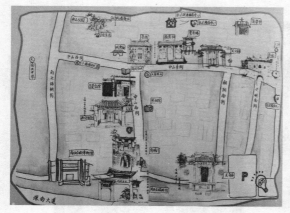

学生绘制的南头古城手绘地图　　　　根据学生绘制的
"古城十景"制作的明信片

项目组参加 2019 年度
项目式学习评选，荣获
一等奖

项目组成员全家福

第二章　自然环境类案例

第一节　探究大自然植物生长环境
——以制作智能灌溉装置为例 *

课程背景与目标

　　云海学校所处的梧桐山地理位置独特，是国家级森林公园，自然资源十分丰富，动植物种类繁多，是珠江三角洲地区珍稀动植物的庇护地和资源库之一，素有"深圳绿肺"的美称。学校依山而建，校内外丰富的植物种类不仅绿化了学校的环境，而且还为师生提供了很好的教学资源和学习资源，是人与自然和谐相处的范本。为了进一步加强这种"和谐"的天然联系，我们有必要去探究梧桐山自然博物馆的秘密。

　　本课就是建立在此基础之上，通过带领学生实地考察梧桐山的自然植物生长情况，观察认识植物、收集和整理植物资料，并结合团队合作和实验探究等方式，激发学生自主探研的兴趣，不断加深学生对梧桐山植物的了解和

　　* 本案例由深圳市盐田区云海学校提供，温克强、曾焕、任钰泽、钱秉阳共同执笔。项目组主要成员有温克强、曾焕、任钰泽、钱秉阳、龙西仔、王欣昀、吴锦鑫、潘瑞叁、陈广大、肖茗元、任多艺、叶盛日、肖伟、李神峰等。

认识，通过小组合作的形式设计方案，并在一定程度上解决学校的植物养护问题，同时培养学生爱护自然环境的意识。

课程领域

科学、数学、语文、信息、工程、美术

建议年级

四年级

建议课时

8 课时

教学过程

一、情境导入（建议 1 课时）

（一）本课主要内容

本课学习的主要内容是让学生了解梧桐山和校园的植物，激发学生对探究植物的兴趣。学生根据自己所认识、了解和掌握的相关知识，对梧桐山和校园植物展开研讨。通过组织学生参加以梧桐山植物为主题的班级讨论，让学生提出问题，收集和整合相关信息，不断深入和完善自己的相关认知。

（二）教学目标

1. 学生通过自主查找纸质书籍、浏览互联网，整合相关资料，从而培养自主学习的能力。

2. 学生围绕梧桐山植物主题展开讨论，提出问题，收集和整合相关信息，不断深入和完善自己的相关认知，进一步学会用语言文字表达自己对梧桐山植物的想法。

3. 学生通过独立制作电子校园植物卡，并在此基础上尝试创作相关校园植物的改善方案，收获独立学习、自主思考带来的快乐，体验团队合作的魅力，培养团队精神、合作意识，建立起养护学校植物的意识。

（三）教学实施的程序

环节	教学内容	教师组织和引导	学生活动	教学意图
初步介绍梧桐山植物	教师给学生展示校园和梧桐山的植物种类和形态，运用植物图鉴和植物学相关知识，同时以图片和视频相结合的方式让学生初步了解并感知梧桐山植物的基本情况。	有目的地引导学生对梧桐山的植物种类和形态产生兴趣，并提问学生：刚刚的展示中你们也看到了梧桐山这座"自然博物馆"里的植物有不同的形态，它们的生长是受到什么因素影响的呢？	通过查找书籍、利用互联网初步了解梧桐山的植物形态和植物生长情况，对收集到的资料进行整合，建立梧桐山植物生长影响因素卡。	通过实物以及图片、视频带来的趣味，学生带着问题了解梧桐山植物的不同形态，产生对梧桐山植物生长影响因素的兴趣。
	提出问题：梧桐山的植物生长受哪些因素的影响？	抛出问题，引发学生的思考，比如：梧桐山的植物形态不同，是不是受植物分布的影响？	学生结合已查阅的资料，对照抛出的问题，初步展开设想，独立思考。	提出问题，学生积极自主思考，按照已有知识做出相应的预设，提高主动参与问题的意识。
	布置作业：查找影响梧桐山植物分布的相关资料。	抛出问题：你们对探究梧桐山植物生长的海拔是否有兴趣？	学生针对具体的问题，结合在课堂内外学习的相关知识，深入探索，寻找梧桐山的植物分布之谜。	加强自主学习和整合资料的能力。
	操作难点解析： 　　提出问题后，学生初步了解了梧桐山植物的形态和种类，但是对教师提出的问题一时找不到突破口，并且对"生长因素"这个词语存在困惑。教师可以通过引导来突破理论上的难点，使学生主动参与对梧桐山植物的思考。			
制作电子校园植物卡	引导学生讨论植物生长的必要条件及所受地理环境的影响。	教师可以抛出问题，引导学生思考、讨论：如果要让更多的人了解梧桐山植物生长的必要条件和所受的地理影响，我们可以做什么呢？	学生开始讨论，在思维碰撞的火花中，得出自己的观点。	结合植物信息卡，以及了解的相关资料，进行团队合作。培养学生的团队精神和务实精神。

（续表）

环节	教学内容	教师组织和引导	学生活动	教学意图
制作电子校园植物卡	制作电子校园植物卡。	学生动手制作电子校园植物卡，教师协助，掌控学生制作的方向性。	动手制作电子校园植物卡。	训练实践能力。
	操作难点解析： 在讨论中，要让学生将理论与实践结合起来，在理论上可缩小讨论的范围，进行针对性发言，在实践动手阶段要让学生对植物的形状有清晰认识。			
校园植物生长方案	引导学生分析校园植物生长情况。	分阶段组织学生观察校园植物生长情况，并做好相关记录。	学生根据人数自由分组。	引导学生学会分阶段进行观察。
	以学生的观察为依据，引导学生正确整合信息。	引导各小组从植物生长所受因素的影响和必要条件上整合信息。	分组展示观察的情况。	锻炼学生的协作和归纳能力。
	挑选各组中有价值的内容进行研究，从而确定校园植物生长的研究方案。	抛出问题，引发学生思考，如：你们觉得哪些内容是你们组最有价值的部分？	学生探讨，并进行优化整合。	训练学生的辨析能力。
	引导学生丰富校园植物生长方案。	引导学生思考：为什么校园里的植物在不同的季节生长情况是不同的？受到了什么因素的影响？	学生收集并整合相关资料，进行探索。	和学生一起丰富校园植物生长方案，共同探索，培养学生的好奇心和进取心。
	操作难点解析： 在引导学生丰富校园植物生长方案时，需要其他学科教师的协助。教师和学校应积极为学生的探索创造条件。			

（续表）

环节	教学内容	教师组织和引导	学生活动	教学意图
组织研讨，整合信息，设计方案	各组先自行进行信息的分析和整合，再进行集体的交流分享会，完善信息。	抛出问题，引发学生思考，如：通过已学知识、自己查找的资料、自己制作的植物信息卡，以及专家的解答，你们觉得植物生长所需的必要条件是什么？你们对此有什么了解？你们的想法是什么？你们还有什么尚未解决的问题？	对照理论和实践，学生对以上问题重新整合信息，并能够用自己的语言加以表达。	创造信息整合条件，让学生自发整理资料；鼓励学生用自己的语言进行表达，强化学生的合作和逻辑思维能力。
	以学生的想法为根据，引导学生思考问题的方向。根据各组完善的信息，挑选本组认为最有价值的研究问题，初步审定方案。	如学生表达：梧桐山的植物生长因素与海拔密切相关。教师可提问引导学生：观察植物的某个特征，如为什么山顶的植物高度、叶片大小和山脚下的植物不一样？	学生展开讨论，结合各小组的观点进行整合，并确定最终方案。	加强学生的合作意识，以及逻辑思维能力和口头表达能力。
	操作难点解析： 　　组织研讨时，要整合所有信息，让各组学生清楚自己的有效信息是什么，并让各组的信息得到完美有效整合，从而设定方案。因此在讨论的一开始，就要强调学生对有效信息的掌控，在整合信息时学生能目标明确地将最有效信息进行表达。			
	照片素材下载			

二、职业体验（建议 1 课时）

（一）本课主要内容

首先，教师提前激发学生对探索梧桐山植物的兴趣，让学生自主地考察校内植物和查找纸质、电子书籍，理论与实践相结合，收集、整合相关资料；其次，教师在学生已有一定感知基础的情况下，带领学生现场考察学校的植物分布，以及梧桐山的植物在不同海拔的生长情况；最后，请植物学专家参与其中，对学生进行科普教育，让学生进一步地了解梧桐山植物的相关资料。

（二）教学目标

1. 学生在实地考察学校植物分布和梧桐山植物生长的过程中，养成细致观察的学习习惯。

2. 学生体验植物管理员对植物的养护工作，增强职业体验和责任感。

（三）教学实施的程序

环节	教学内容	教师组织和引导	学生活动	教学意图
参观采访，职业体验	回顾上节课所学的内容，并巧妙导入本课的教学中。教师带领学生拜访植物管理员，体验管理员对植物的养护工作。	引导：上节课后，相信你们通过自己查阅植物学方面的相关资料，对梧桐山植物生长的秘密有了新的收获。在分享你们满满的收获之前，我希望你们能通过实地考察去检验自己的收获是否正确；以及你的收获中有没有什么难以解决的大问题，或者是小困惑。今天我们要全员出动，考察校园内的植物、考察梧桐山不同海拔下植物的生长情况，做一次梧桐山植物管理员，让我们发挥团队的力量去解决上述问题。	回顾已学知识点，结合自己所收集的资料，反思整合资料中已解决和尚未解决的问题，并思考有什么需要学习的新知识。	让学生温习已自学的知识点，同时产生疑问：还有哪些内容想了解？带着疑问，实地考察校内和梧桐山的植物。

（续表）

环节	教学内容	教师组织和引导	学生活动	教学意图
参观采访，职业体验	分组。	教师根据学生整合资料的具体情况进行分组，并确定探究的方向。	根据提出问题的相似性进行自由组队。	通过分组探讨，提高学生在学习中的团队意识和合作能力。
	带领学生观察校内植物的分布特点和考察梧桐山不同海拔下植物的生长情况，制作植物信息卡。	引导学生通过真实的实物考察，收集学校不同地点的植物图片和视频，进一步观察和探索影响梧桐山植物生长的因素，制作植物信息卡。	仔细观察校内植物的分布特点，从校内进一步扩展到梧桐山，考察植物在不同海拔下的生长特点，并记录相应的信息。	培养学生观察能力，锻炼学生自主分析、整合资料的能力。
	邀请植物专家进行分享，引导学生寻求问题的答案。	邀请华大基因植物专家进校开展科普讲座，如"梧桐山的植物种类和分布""梧桐山的自然地理特征"，向学生普及植物和地理学知识，鼓励各研究小组根据自己的研究问题进行自由提问。	在整个学习的过程中，以小组为单位进行活动，针对各自不同的研究方向进行提问，完成资料的收集工作。	训练学生的口头表达能力，提高学生的探究精神。

操作难点解析：
　　学生在考察中，需要制作植物信息卡。教师根据学生对植物了解的相似点进行分组，大致归类，有效协助学生组队。
备注：
　　1. 在观察和考察之前，让学生带着问题、带着本子和相关的植物书籍去制作信息卡。
　　2. 强调参观的秩序和纪律，做到文明参观。

三、科学探究（建议 2 课时）

（一）本课主要内容

　　本课学习的主要内容是让学生在教师的指导下，对梧桐山植物生长情况进行观察，探究影响植物生长的因素，引导学生设计智能灌溉装置。课程主要分为五个部分：一是学生在教师引导下观察梧桐山植被分布情况；二是小组讨论，围绕植被的分布特点等问题，结合收集的资料和数据进行讨论；三是课堂实验探索影响植物生长的非生物因素以及植物的需水规律；四是课后收集资料并设计智能灌溉系统；五是学生畅谈分享探究过程中的心得、体会。

（二）教学目标

1. 让学生了解梧桐山植被分布情况及其原因，体验生命的美好，并培养学生的探究精神。

2. 让学生在探究植物生长的非生物因素以及植物需水规律的过程中，提高解决问题的能力。

3. 让学生在与探究小组一起攻坚克难中，增强团队合作的意识。

（三）教学实施的程序

环节	教学内容	教师组织和引导	学生活动	教学意图
观察学习：梧桐山的植被分布	教师带领学生登上梧桐山，观察不同海拔、边坡植被的生长情况。	引导学生对不同海拔的温度和常见乔木进行了解，提醒学生做好图像、文字记录。	观察记录。	让学生了解梧桐山的植被分布，并从中体验生命的美好。
	引导学生小组根据记录的资料，提出问题并讨论。	教师引导小组讨论后，总结植物分布的特点并提出问题。在讨论过程中，教师进行一定的指导。	学生讨论，提出问题： 1. 梧桐山植物分布与海拔有关，海拔越高，植被的高度就越低。为何会出现这些特点呢？ 2. 梧桐山南坡的植物比北坡的生长情况要好，这是什么原因造成的呢？	培养学生从现象中总结自然规律的能力。
	操作难点解析： 　　引导学生针对梧桐山植物分布的特点提出问题。			

（续表）

环节	教学内容	教师组织和引导	学生活动	教学意图
实验探索：影响植物生长的非生物因素	确定探究问题。	引导学生针对上述提出的问题进行资料收集，确定探究内容。	查阅、收集资料，确定探究内容：影响植物生长的非生物因素主要为光照、水分、温度。	培养学生对信息的收集和总结归纳能力。
	对影响植物生长的非生物因素进行探究。	引导学生针对影响植物生长的非生物因素进行实验探究，在此过程中，教师对学生进行指导。	进行影响植物生长的非生物因素实验探究：选择实验对象，从光照、水分、温度三个因素分别进行对照实验并进行数据分析。	培养学生严谨的科学态度及探究事物的科学方法。
	总结探究。	引导学生对探究实验进行总结。	认真学习、做好记录、提出新的问题：土壤湿度对植物的生长有哪些影响？	培养学生归纳总结与提出新问题的能力。
操作难点解析： 进行影响植物生长的非生物因素实验探究需要在教师的指导下进行，学生需做好记录，保留好每天的数据。				
实验探索：土壤湿度对植物的影响	确定探究内容。	引导学生针对植物需水规律进行资料收集以及确定探究的内容。	收集资料，确定问题：不同土壤湿度对植物生长的影响。	培养学生对信息的收集和总结归纳的能力。
	进行土壤湿度对植物的影响实验探究。	教师引导学生进行实验探究。	进行实验探究，从低、高湿度两方面进行利害对比，观察记录植物生长状态。查阅资料，了解植物最适宜的湿度。	培养学生严谨的科学态度及探究事物的科学方法。

（续表）

环节	教学内容	教师组织和引导	学生活动	教学意图
实验探索：土壤湿度对植物的影响	总结探究。	结合实验现象，引导学生对探究实验进行总结。	总结实验，并对实验结果进行分析，确定智能灌溉系统的设计方向。	培养学生利用科学知识去解决问题的能力。
	操作难点解析： 　保留好不同湿度下植物生长的相关记录和数据。			
设计智能灌溉系统	比较湿度传感器和人工感知的优劣。	引导学生比较湿度传感器与人工感知，做好记录。	从测量精度和方便程度两方面比较湿度传感器与人工感知的性能与优劣。	培养学生严谨的科学态度与探究事物的科学方法。
	了解微型水泵。	引导学生了解微型水泵的作用。	了解微型水泵的作用，并总结出它的优点。	培养学生对仪器的原理进行分析归纳的能力，并能熟练使用。
	总结及分享。	教师小结、补充。教师提问。	师生共同得出结论，学生进行体验和分享。	培养学生归纳与分享表达的能力。
	操作难点解析： 　对比湿度传感器与人工感知的优劣。			
	步骤及表格下载			

四、工程制作（建议2课时）

（一）本课主要内容

本课中学生了解了土壤湿度对植物生长的重要性之后，利用所学的编程、科学及机械相关的知识，制作可以实时监测土壤湿度，并能根据湿度数据实现浇水功能的智能灌溉装置。本课的教学环节包括六个部分：一是情境导入，明确原理，学生能根据需求，准确理解和表述所要做的智能灌溉装置的功能；二是认识电子模块 CocoMod（主控模块、电机驱动模块、土壤湿度传感器、微型水泵等）的使用和可视化编程平台 CocoBlockly；三是小组合作，设计和制作智能灌溉装置的外观；四是拼装模型，编程调试；五是分享作品，交流心得；六是梳理总结，反思完善。

（二）教学目标

1. 学生能够正确使用电子模块 CocoMod 和可视化编程平台 CocoBlockly，理解 CocoBlockly 语言中程序设计的基本结构，掌握编程的方法和步骤、掌握土壤湿度传感器的使用方法以及读取土壤湿度信息的方法；掌握微型水泵和电机驱动模块的使用方法，并能编写程序控制微型水泵。

2. 学生能够积极发挥创意，完成智能灌溉装置的设计方案，并根据方案运用电子模块和结构材料动手制作出智能灌溉装置。在探究智能灌溉装置功能实现的过程中，能够体验工程设计与制作的思路和方法。结合小组合作的形式，培养发现问题、提出问题和解决问题的能力，培养科学探索能力、创新实践能力、综合知识的运用能力，并增强团队合作的意识。

3. 学生在科学探究的过程中，进行有条理的思考，充分感受编程技术与生活的联系，充分调动科学探究、创新制作的热情和积极性，体验智能技术改善生活、服务生活的魅力。

（三）教学实施的程序

环节	教学内容	教师组织和引导	学生活动	教学意图
情境导入，明确原理	进入教学主情境。	引导：同学们，老师办公室的绿萝快不行了，因为我每天都有很多事情要处理，忙到忘记给它浇水，你们能用新技术新方法帮我解决这个棘手的问题吗？	预设学生回答：我来帮你浇水、请花工定时浇水、制作一个智能浇水装置……	由生活中的问题出发，引发学生思考，进而引出本节课学习任务，激发学生的学习兴趣。

（续表）

环节	教学内容	教师组织和引导	学生活动	教学意图
情境导入，明确原理	提出本节课的学习任务。	提问：制作一个智能灌溉装置需要实现什么功能呢？ 教师：如何感受到缺水，如何自动浇水呢？能用什么元器件来实现这些功能呢？ 由此引入土壤湿度传感器、电机驱动模块、微型水泵的新知识。	预设学生回答：只要感受到缺水就自动浇水。	由实际问题出发，引发学生思考并提出初步解决方案。
	操作难点解析： 　　把握由发散的思路转向制作智能灌溉装置任务的转折点。			
学习新知，巩固基础	制作土壤湿度传感器。	原理：将传感器插入土壤中，通过模拟/数字转换电压信号，即可检测土壤水分。土壤越干燥，输出电压越小，读取的模拟接口的数值则越大；相反，土壤越湿润，输出电压越大（数值越小），读取的模拟接口的数值则越小。 提出任务：模组组装。将主板模块和转接模块 A1（或 A2）组合在一起，并拿出几根杜邦线，将转接模块和第三方传感器组装在一起。引导学生进行积木编程。	认真思考，跟着老师一步一步操作，进行模组组装。 最终效果：程序上传后，将该传感器插入土壤中（如果不方便，可以使用湿纸巾代替），然后打开 CocoBlockly 的串行端口监视器，就可以查看到传感器读取的数据。用土壤湿度传感器去测试不同状态盆栽的湿度情况，观察数据变化规律，找出区分土壤干燥与湿润的关键阈值。	认识土壤湿度传感器。

（续表）

环节	教学内容	教师组织和引导	学生活动	教学意图
学习新知，巩固基础	制作电机驱动模块。	功能：驱动转动。 器材：1 个马达驱动模块、1 个主板模块及 1 个马达。 模组组装：将马达上的杜邦线连接到马达驱动模块的 A 接口，然后将主板模块和马达驱动模块组合在一起，并让主板模块连接好 USB 数据线至计算机。	认真思考，跟着老师一步一步操作，并进行积木编程。 最终效果：程序上传成功后，请确保马达驱动模块上的拨动开关处于" + 5V"一侧的状态（使用主板模块供电）。	认识电机驱动模块，并能正确使用电机驱动模块。
	制作微型水泵。	开展活动： 1. 设计智能灌溉程序：当土壤湿度数高于（或低于）阈值时，微型水泵启动（或关闭）。 2. 使用盆栽和水杯进行测试。根据不同的环境和植物的特性，对智能灌溉程序进行优化和改进。	学习微型水泵的控制方法，并测试水泵不同转速与抽水量的规律。	认识微型水泵，并能正确使用微型水泵。
	操作难点解析： 杜邦线与模组的正确连接需要老师引导学生多次操作。			
小组合作，设计和制作外观	明确装置原理。	提问：通过以上新器件的学习，请同学们想一想，我们要制作的智能灌溉装置的原理是什么？	学生回答：利用土壤湿度传感器收集土壤数据，通过对数据分析判断土壤是否缺水。如缺水就会触发微型水泵开启向植物浇水，反之就关闭水泵。	强调装置的目的性，引导学生探索完成任务的方法。

（续表）

环节	教学内容	教师组织和引导	学生活动	教学意图
小组合作，设计和制作外观	设计制作智能灌溉装置。	提出任务：请进行小组合作，明确分工，设计智能灌溉装置的外观。	学生进行小组合作，5个人为一组，全组讨论后在一张A4纸上画出草图。1人负责画图；1人负责和激光切割机老师沟通，在软件中画出分块模型，并研究其合理性；1人负责编程；1人填写工程制作记录表；1人负责上台交流展示。	培养学生的语言沟通能力、表达能力和团队合作能力。
操作难点解析： 　　学生掌握智能灌溉装置的设计、制作工艺。				
编程调试，拼装模型	组装模块，编程操作。	教师从旁引导，帮助学生攻破难点，理清编程思路。采用小组竞赛制，先完成的小组有优先展示分享的权利，后完成的小组如有困难，则展示目标程序，由教师帮助其进入下一环节。	编写智能灌溉装置完整程序，并上传。 使用激光切割好的组件进行电子模块拼接与安装，测试智能灌溉装置模型，对模型外观进行优化。	通过安装组件，培养学生综合知识的运用能力，增强合作意识。
操作难点解析： 　　学会使用条件语句程序，是本课的难点，需要学生反复调试程序，搭配运用主控模块、电机驱动模块、土壤湿度传感器、微型水泵等，实现智能灌溉的效果。				
分享作品，交流心得	分享和交流。	教师从旁指导和点拨。	小组分享作品，分享内容包括： 1. 基本信息：作品名称、小组成员、分工情况。 2. 功能演示。 3. 特色说明。 4. 遇到的困难，如何解决困难。 5. 存在的漏洞或问题，决定下一步如何优化等。	小组分享作品能够增强完成任务的仪式感，提高学生的成就感，培养学生的语言表达能力。

（续表）

环节	教学内容	教师组织和引导	学生活动	教学意图
分享作品，交流心得	**操作难点解析：** 　　着重强调小组提出遇到的困难以及困难是如何解决的这一部分内容，提出问题、分析问题和解决问题的过程是学生重点需要掌握的技能。			
梳理总结，反思完善	分享和交流。	教师总结，梳理本课所获所得，各组听了其他小组的分享后，如有启发可继续完善本组作品。根据智能灌溉装置运行的测试情况，对程序进行优化和改进。	1. 学生代表在展示的过程中，每个学生开始填写互评表，所有小组展示完成后，上交互评表。 2. 全班投票选出"最佳创意作品""最美外观作品"和"最佳功能作品"。	生生互评、教师评价和小组评价的多元评价机制保证了作品评价的科学性和合理性。
	操作难点解析： 　　教师总结归纳各小组分享的优点和需要提高完善的地方，给学生后续完善作品提供思路和指导，养成总结分析的良好习惯。			
	照片素材下载			

五、汇报展示（建议 1 课时）

（一）本课主要内容

通过对梧桐山植物生长情况的长期观察，利用观测数据、调查和实验探究等方式，学生了解了植物生长的最佳光照、湿度、温度等，进一步利用所学的编程、科学及机械相关的知识，制作可以实时监测土壤湿度，并能根据湿度数据实现自动浇水功能的智能灌溉装置。最终形成成果并通过宣传画、海报、主题演讲等多种形式进行展示。

（二）教学目标

1.学生能够运用实验数据对智能灌溉装置的设计依据进行说明。

2.学生以团队实验报告为依据，进行成果展示。

（三）教学实施的程序

环节	教学内容	教师组织和引导	学生活动	教学意图
项目原始资料展示	以黑板报、宣传画、主题演讲等形式展示项目原始资料。	收集整理同学们制作的一手资料，如实地考察照片与视频、探究的记录、学习过程中的收获与思考等。	实地考察，记录数据。	旨在让学生深入了解整个项目的实施过程。
	操作难点解析：　结合已有的知识将直观的观察结果转化为数据，并呈现出来。			
主题式展示	不同学习小组对本组的学习过程进行展示和解说，并阐述设计图的修改依据，教师相继指导。	指导学生用恰当的方式来展示学习成果。	个人成长档案和思维导图展示，模拟智能装置的使用，据此来对设计图的修改做出说明。	学生模拟优化智能装置的设计图。
	操作难点解析：　运用已有数据修改设计图。			
头脑风暴	让学生畅所欲言，分享自己在智能灌溉装置这一项目式学习过程中的收获与成长点滴。	引导学生运用数据来对智能灌溉装置的学习过程进行解说和分享。	分享在智能灌溉装置这一项目式学习过程中的收获与成长点滴。	旨在让学生充分交流，在思维与思维的碰撞中激发更多的火花。
	操作难点解析：　用严谨的语言和数据对智能灌溉装置的使用进行解说。			

（续表）

环节	教学内容	教师组织和引导	学生活动	教学意图
自评与他评	用科学的评价量表对项目式学习的各个环节进行评价。	指导学生使用评价量表的方法。	对各个环节进行自我评价和互评。	掌握自评与他评的方法，培养合作能力。
	操作难点解析： 　　掌握评价方法，正确使用评价量表。			
反思与改进	对小组分工、数据记录、图纸设计、模型制作、成品演示整个环节进行回顾，总结经验，反思不足，优化方案。	引导学生对研究过程进行梳理与回顾，分析数据和相关资料，探讨更优设计。	分析数据和相关背景信息得出结论，并记录经验和不足，探讨改进思路。	增强数据分析能力，培养创新思维能力和探究性思维能力。
	操作难点解析： 　　在经验和不足中进行深度思考，优化方案。			
课程视频下载				

六、评价反思（建议 1 课时）

（一）本课主要内容

经过前五部分的学习，学生基于实地探索，提出问题，最终接受了任务——制作自动监测与灌溉植物的仪器，并且在设计和制作过程中对产品不断地进行优化和更新。这节课学生将自己做的灌溉装置带上舞台，对自己的学习过程和产品围绕评价量表进行汇报反思。

（二）教学目标

1. 学生能够独立自主使用监测与灌溉装置。

2. 学生能够在汇报过程中锻炼语言表达能力，增强团队合作的意识。

3. 学生能够在整理资料时培养信息整合能力。

（三）教学实施的程序

环节	教学内容	教师组织和引导	学生活动	教学意图
回顾过程，导入新课	学校的自然资源得天独厚，作为学校的小主人，每个同学都想为学校变得更美丽做出自己的一份贡献！	同学们确定了任务之后，成立了各小组： 1. 每个小组根据老师的评价量表开始查找资料。 2. 去梧桐山进行实地考察，对梧桐山的植物分布有了深入的了解。老师看到同学们设计的一张张图纸，并对监测与灌溉装置进行了不断改进，也很高兴。那么今天就把你们的灌溉装置拿出来进行实时监测，并和同学们汇报展示吧！	回顾课程，准备展示。	回顾过程，导入新课。
	操作难点解析： 　　本环节主要回顾学习过程，让学生清晰流程。			
出示量表，学生汇报	出示终结性评价量表，学生围绕量表进行展示。	各组带着灌溉装置移步到学校植物站，进行实时的监测与灌溉演示。并在操作中进行汇报。	在汇报过程中，学生带齐过程性记录资料，并在汇报过程中一并和产品进行展示。	锻炼学生的口头表达能力。
	操作难点解析： 　　在户外教学要提前考虑到天气因素。			
多种评价，完成量表	小组汇报后，教师鼓励其他小组提出问题并进行评价，汇报小组对问题给予解答。以教师评价、小组互评、组员自评等多种评价方式完成此环节。	教师利用问题引导学生进行深入思考。	对其他小组进行评价和提问。	培养学生倾听的习惯和学会提建议。
	操作难点解析： 　　学生在倾听中要学会归纳问题、提出问题。			

（续表）

环节	教学内容	教师组织和引导	学生活动	教学意图
总结反思与改进	全部小组完成汇报反思后，教师组织学生讨论。	回顾项目式学习的学习过程，总结你在过程中的收获与反思。	请各组在完成终结性评价量表后，对每个小组的分数进行统计，并评选出前三名的小组。	增强数据分析能力，培养创新思维和探究性思维能力。
	操作难点解析： 进行多维度的评价。			
评价量表 下载				

七、课程反思

（一）利用校园周边资源开发项目

STEM 课程开发的成功首先取决于优秀的选题，贴近学生生活与学习的内容能够激发学生的学习兴趣、引发学生的探究热情并进行深入思考。云海学校所处环境自然资源十分丰富，并且校园内有许多精心布置的植物种植区域，这些都是给学生进行实地探究的宝贵资源。从生活环境出发，利用云海学校地处梧桐山脚下的独特地理位置，开展探究我们的自然博物馆项目式学习，让学生拥抱大自然，回归实验室或教室探究，获得有关的植物的新知识，获得技术探究的完整过程，从而产生热爱大自然、热爱科学技术的美好情感。

（二）重视评价量表的作用

重视过程性评价，而不仅仅是终结性评价，注重学生在项目进行过程中的获得感和成就感，所以我们设计制作了对应的评价量表。同时，我们发现，在小组探究学习中，由于组内分工的不同，难免有的同学承担的任务较重，有的同学承担的任务较轻，会产生组内 1—2 名同学积极参与活动，而其余同学在组内无法发挥相应作用的情况。为了防止出现这种情况，引入评价量表就非常必要了。教师要在每个环节都设置相应的评价量表，激励学生，督促学生完成各自相应的任务；学生也能对照评价量表来自我评估，了解自己在这个项目式学习过程中的完成情况。从教师层面、个人评价层面等不同方面形成多维度的评价量表，以此实现多维度的评价。

（三）组建专业教师团队

开展项目式学习，组建学生探究式学习的队伍非常重要；同时，指导教师团队也非常重要。学生团队在开展 STEM 学习中，要用到多学科的知识来解决实际问题，所以在组建团队时需要各个学科的教师参与进来，才能对学生进行全方位的指导。在我们的这个项目中有数学、科学、语文、信息等学科教师参与。同时，这些不同学科的教师要协同合作，交流不同学科之间的衔接点，涉及不同学科知识点中的哪些知识点由哪些学科教师来讲，都需要沟通合作。教师要做好学生的引导者，构建一个完整的知识网络。在探究性学习的过程中，学生在不断地提出问题与解决问题，与此同时，教师也在不断地提出问题与解决问题，我们这支教师队伍也在不断地学习与反思，努力提高自己！

附：活动图片展示

调查校园与梧桐山植物

学生分组讨论方案

探究植物生长因素

学生制作微型水泵

学生进行编程操作

第二节　红树苗认养与生态修复

——以秋茄为例探究红树的生理特征*

课程背景与目标

红树，作为深圳市的第二市树，并不为很多市民所熟知。中国红树林保育联盟（CMCN）是一个致力于联合政府、企业和其他各种民间力量共同为中国滨海湿地生态系统，尤其是红树林生态系统的健康发展提供支持的 NGO（非政府组织）。CMCN 通过搭建能力建设、资源共享、示范倡导的平台，推动政府及各方自发、创新和有效地开展滨海湿地保育工作。

近年来，在 CMCN 和游云—生态教育工作室共同倡导和发动下，盐田区多所学校的学生每年参与"认养红树苗，参与生态修复"的公益活动。该活动先广泛征集报名后，将红树胎苗发给每一位认养者。在专业讲座及网络课程的指引下，学生在家自行培育红树苗。与此同时，认养的学生还撰写红树苗自然观察笔记，参与全市评比；并设计了一系列的科学探究实验，全面研究红树的生理特征。两个月后，通过专业机构指引将成活的红树苗回归海岸线，并颁发国际通用认养项目证书。

此项活动融合了多个学科的知识，不仅培养了学生的自然观察能力，还锻炼了学生的团队协作能力，提升了学生的环境保护意识。活动收获了一系列成果，如据此开展的深圳市学生探究式小课题荣获了一等奖；盐田区的多名中小学生荣获了深圳市"十佳红树小达人"荣誉称号；由此衍生的作品参与全国红树林日历插画评选活动荣获一、二、三等奖多项；部分优秀学子因在课程中的突出表现被推选参加联合国环境规划署"Eco Dynamics Expedition（生态动力远征）"活动和国际大自然协会"Nature Works（自然

* 本案例由深圳市盐田区外国语学校提供，陈霄翔、谢文珍共同执笔。项目组主要成员有陈霄翔、谢文珍、于飞、包立群、胡军、林建新、陈荣、李海燕、李明月、李玉玲、杨秋蓉、梁瀚威、余泽蕙、李昶宏等。

大作为）"项目式学习比赛，均有出色表现，并被授予"Biodiversity Award（生物多样性特殊贡献奖）"。

课程领域

生物、生态学、工程学、地理、物理、信息技术、通用技术、英语

建议年级

五至八年级

建议课时

8 课时

教学过程

一、情境导入（建议 1 课时）

（一）本课主要内容

本阶段学生将在教师的引导下通过多种途径初步了解和认识红树，对红树相关知识产生探究兴趣和动力。通过分组合作和项目式学习的方式，能够对聚焦的问题找到解决的方法，通过动手制作强化解决实际问题的能力。

（二）教学目标

1. 通过课前对红树的了解，课中对相关资料的查阅和学习，让学生围绕红树的主题，提出自己感兴趣的问题，培养发现问题、提出问题的能力。

2. 让学生将红树这一主题与自身对植物学、生态学的经验与知识产生联系。

3. 激发学生对红树林的保护意识，了解生态环保的重要性。

4. 激发学生的探究兴趣和想象力，鼓励学生发散思维。

5. 学生能够通过自主学习建构关于红树的科学知识，包括红树是什么、红树特殊的生理现象、红树林的现状、红树林的生态学意义、保护红树林的措施和方法等。

（三）教学实施的程序

环节	教学内容	教师组织和引导	学生活动	教学意图
初步认识红树知识	教师给学生播放关于红树和红树林的视频和图片。	引导：通过刚刚播放的视频和图片，你有什么感受？	结合生活中的经验，产生对红树进行探究的兴趣。	以同学们熟悉的深圳湾红树林为例，引发学生对红树的探究兴趣。
	操作难点解析： 　　学生对红树或多或少有些了解，但是如何将他们已有的经验和知识系统归纳在一起，并且能够运用到生活中，这个需要教师去引导。教师在前期备课中，需要寻找大量的关于红树的视频、图片、新闻等资料，加深学生对红树的认识，激发探究学习红树的兴趣。			
查阅信息，研讨分享	老师布置任务：学生在电子阅览室利用网络和图书查阅关于红树的资料。	组织学生到电子阅览室进行资料查找，各组在收集资料过程中，将相关资料记录下来。	查找资料后，提出与红树有关的问题，根据最感兴趣的问题进行分组。（红树的生物学分类、红树的生理特征、红树林的现状、红树林的生态学意义、保护红树林的措施和方法等。）	锻炼学生收集和整理资料的能力，并且从中提出与红树相关的话题。
	分组。	教师根据学生人数组织自由分组并选定研究方向。	根据自己提出的问题自由组队。	提高学生的团队合作能力。
	归纳总结学生查找的资料，并且提出问题。	引导：同学们对红树已经有了初步的认识，知道红树有着很多特殊的生理现象，红树林有着防风御浪、固岸护堤等重要的生态学意义。那么，如何进一步认识红树继而保护红树林呢？	收集资料后，学生对红树有了一定的认识，思考教师提出的问题。	学会全面地看待问题，并且为引出任务做好铺垫。
	操作难点解析： 　　授课地点建议在电子阅览室，能够让学生在课堂上完成收集资料的任务。需要注意对于"红树"概念的理解（并非单指一种树，而是包括红树科在内的一类植物）。			

（续表）

环节	教学内容	教师组织和引导	学生活动	教学意图
启发思想，确定任务	提出问题：作为一名深圳市民以及在校的学生，我们能够为保护红树林出谋划策吗？请根据你的生活经验，与小组同学一起头脑风暴。	引导：我们如何更好地认识红树特殊的生理现象？经过后期的实地考察，我们应收集关于红树的哪些信息？能否通过自行培养红树苗，认识红树生长的全过程？	学生综合自己了解到的信息，进行重新整理、表达。	将学生提出的问题进行聚焦，并提出本项目的任务。
	根据学生的想法，引导学生讨论。	最终，经过教师的引导和学生的讨论，确定任务：做一个能够即时监测红树生长环境指标的工具。	学生讨论问题，并最终接受教师聚焦的任务。	明确本项目的任务。
	操作难点解析： 　　引导学生从红树的生理特征去设计相关实验，如胎生、泌盐、变态根等特征，需要提醒学生从已有的知识去考虑。最终要清晰地、明确地出示本项目的任务。			
拓展延伸，发散思维	布置作业：课后继续查阅红树的相关资料。	提出问题：你们已经掌握了查找红树资料的方法，能否用同样的方法去查找小组没有提出的问题。	学生在课后继续查阅相关的资料，丰富对红树的认识，了解红树能够成为市树的原因。	调取既有知识，为讨论新情节预热。
	操作难点解析： 　　想让学生在课后继续完善资料的收集和整理，教师需要使用过程性评价量表激发学生的积极性。			

二、职业体验（建议 2 课时）

（一）本课主要内容

在上节课中，我们对红树已经有了初步的认识，知道了红树林对于生态环保的重要意义。学生已经针对红树的一系列特殊生理现象提出了探究的初步想法，接下来将进行实地勘测以进一步激发学生的探究兴趣。在本课中，学生在已有认知的基础上通过"请进来，走出去"多种途径体验与红树保育相关的职业，能够体会到红树林与沿海地区居民的生活息息相关，保持探究兴趣的同时增强了社会责任感，并在教师的引导下主动思考想要探究的问题和解决问题的方法。

（二）教学目标

1.学生能够对生态保护区工作人员、红树保育者、自然观测学者、生态科研人员、渔民等相关职业产生兴趣。

2.学生能够了解红树与城管局、林草局、野生动植物保护中心等相关部门的联系，并从从业者的角度思考红树林的保护。

3.学生能够自主思考生态保护区工作人员、红树保育者、自然观测学者、生态科研人员、渔民等相关职业在社会中的责任及贡献。

4.学生能够在体验中主动思考，并提出与红树有关的问题。

（三）教学实施的程序

环节	教学内容	教师组织和引导	学生活动	教学意图
介绍职业，引入主题	在情境导入中，同学们已经对红树有了一定的认识，并且认识到保护红树林的重要性。引导：请同学们思考，什么职业与红树的保育及科研息息相关呢？	引导：今天我们将走出校园，一起去参观深圳市福田红树林自然保护区，同时我们也邀请了保护区的工作人员和科研人员来学校和我们进行经验的分享。	带上课前准备好的问题和资料出发去红树林自然保护区。	亲自参观红树林自然保护区，更能够了解与红树保育和科研相关的职业内容。启发学生从从业者的角度去思考如何保护红树林。
操作难点解析：该课程职业体验不仅局限于以上形式，可挖掘更多红树保育和科研相关的职业（如植物学家、生态环境局科研监测人员等）。				
参观采访，职业体验	环节一：参观深圳市福田红树林自然保护区。	工作人员讲解保护区的功能区划和工作职责，分享关于红树林的相关知识。	学生参观和体验红树林保护区内的日常工作，并充当小记者采访工作人员。	锻炼学生提出问题和采访的能力，培养学生养成记录的习惯。

（续表）

环节	教学内容	教师组织和引导	学生活动	教学意图
参观采访，职业体验	环节二：在教师的组织下扮演红树林自然保护区工作人员。	参观红树林自然保护区后，在班上组织各组学生模拟保护区内工作流程。	分组扮演和体验保护区内的工作内容。	加深对保护区工作的体验。
	操作难点解析： 　　可提前预约保护区，组织学生参观。需注意外出安全；同时注意保护区与郊野公园不同，需要反复强调环保意识，不能干扰保护区内的动植物的生活。			
基于生活，分享交流	环节一：邀请渔民和自然观测者分享红树林对他们工作的意义，说一说他们与红树林的故事。	红树林是沿海地区的生态屏障和生物多样性的保障，为沿海居民提供了丰富的水产资源，其中栖息的鸟类等动物更是自然观测的丰富素材。	学生提前准备好采访的问题，对渔民和自然观测者进行访问。	从不同职业的角度去看待红树林，让学生多方面认识红树。
	环节二：采访。	多角度了解保护红树林的措施，从不同职业角度出发，体会每个职业的社会责任感。	学生对渔民和自然观测者提出问题。	锻炼学生的采访能力。
	操作难点解析： 　　渔民、自然观测者或者是环保组织的红树保育者，他们的工作与红树林息息相关，但是邀请他们来学校进行交流是有一定难度的，可以尝试联系政府部门或环保组织去帮忙解决此问题。			
拓展延伸，深入探究	布置课后作业：采访身边的教师、家长、朋友，请他们讲述与红树林相关的故事。	引导：去采访身边的教师、家长和朋友，加强对红树林的认识。	结合采访稿，丰富采访记录，并且课后写一篇职业体验感悟的小作文。	培养学生的写作能力。
	操作难点解析： 　　学生在课后采访的内容必须是有深度和有意义的，所以需要提前准备问题，形成一个访问的模板。			
课堂收获	**参考文本：** 　　通过实地考察和职业体验，我们得知：红树有着胎生、泌盐、变态根等一系列独特的生理特征；而红树林是陆地生态系统向海洋生态系统过渡的最后一道"生态屏障"，它在净化海水、抵挡风浪、保护海岸、改善生态状况、维护生物多样性和沿海地区生态安全等方面发挥着重要的作用。			

三、科学探究（建议 2 课时）

（一）本课主要内容

围绕第一课确定的任务：设计一个探究红树生理特征的实验。学生将在本课学习植物栽培和数据统计的方法，自行设计实验方案，以达到即时监测红树生长环境指标的目的。在本课中，学生在兴趣和社会责任感同时具备的基础上，在教师的引导下明确想要解决的问题和规划学习方向，通过设计和开展实验进一步学习与红树相关的科学知识，并且培养相应的跨学科技能和素养。

（二）教学目标

1. 学生能够在情境导入和职业体验的基础上，激活已有的知识经验，根据红树林的现状提出拟解决的问题并规划学习方向。

2. 指导学生研究红树生长过程，能够增强学生跨学科科学探究素养，提高信息采集与分析、实验设计与检验、问题提出与解决的能力。

3. 学生能够养成良好的科学态度、科学精神和科学思维，将在学校所学的植物学、生态学知识与认养红树活动相联系，运用跨学科知识技能解决实际问题。

（三）教学实施的程序

环节	教学内容	教师组织和引导	学生活动	教学意图
创设情境，导入新知	提出问题：红树具有胎生、耐盐性高等特殊的生理特征，如何通过实验观测和验证这些特征？	引导：通过认养秋茄（一种具有代表性的红树）的胎苗来认识其胎生现象，并设计对比实验检测红树的耐盐性。	分组讨论，思考如何培育红树的胎苗，以及监测土壤中的盐度等相关指标。	聚焦问题，引出任务。
	操作难点解析： 　　引导学生深入认识红树的胎生现象，通过现有的自然科学知识，设计对比实验以及监测土壤指标的方法。			

（续表）

环节	教学内容	教师组织和引导	学生活动	教学意图
自主学习，聚焦问题	熟悉科学探究实验的步骤，了解对比实验的设计原则。	引导学生设计培育红树苗的方案，进一步设计不同盐度生长环境下的红树生长状况对比实验。	设计在不同环境条件下的红树苗培育方案，以达成对比实验的要求；动手操作，完成红树苗的种植；重点讨论如何监测土壤盐度等指标问题。	让学生聚焦问题，了解任务。
	操作难点解析：　红树的生理特征有很多，要引导学生抓住最符合实际、特征明显的两点（胎生和耐盐性）来设计实验，对其他特征（如氧化变红的特性、变态根等）感兴趣的也要及时鼓励并指导提出方案。			
小组讨论，初步形成实验方案	设计培育红树苗的方案。	引导学生了解红树苗生长所需的环境条件并有针对性地设计培育方案。	思考红树生长需要怎样的环境条件（包括光照、水分、土壤基质、盐度、酸碱度等）。	了解红树栽培的基本方法，掌握对比实验设计的基本原则。
	小组讨论各自的实验方案。	需引导学生注意以下两点： 1. 实验的可操作性。 2. 对比实验的原则（控制变量法）。	小组开始进行讨论，设定方案。	培养学生严谨的科学态度及探究事物的科学方法。
	教师对实验设计过程进行指导。	引导学生设计实验方案及细节确认（包括利用自然笔记形式对红树苗生长过程进行记录）。	根据以上问题，各小组讨论实验方案，并开始红树苗的培育。	培养学生科学探究的思维能力、动手能力。
	操作难点解析：　学生对红树的生长过程认知尚不足，需要预设操作中可能遇到的实际问题和困难，让学生提前思考解决方案。			
展示分享	各小组针对各自实验方案进行展示汇报。	组织学生制作 PPT 进行方案汇报。	各组学生分工合作介绍实验方案。	锻炼学生分工合作及口头表达能力。

环节	教学内容	教师组织和引导	学生活动	教学意图
展示分享	根据评价量表对汇报进行教师评价、他评和自评。	进行多种评价。	根据评价量表完善小组的实验方案。	培养学生倾听他人的分享，并做出合理的评价。
	对实验方案进行进一步优化和反思。	引导学生在课后思考如何对实验方案进行优化。	在汇报和评价后，每个小组写一份反思。	训练学生总结反思的能力。
	操作难点解析： 　　评价量表需要符合本课的实际内容。			
课堂收获	**参考文本：** 　　（1）根据实验我们发现，在土中培育的秋茄比在水中培育的秋茄生长得更好。 　　（2）在实验过程中我们发现，在刚开始生长的一段时间内，秋茄在咸水和淡水中都能够顺利地生长，过了一段时间后，在咸水中生长的秋茄反而比在淡水中生长的秋茄状况更好。 　　（3）通过秋茄和绿萝在咸水中的实验，我们发现红树和陆生树种相比，红树的耐盐度更高。而且陆生树种在接触咸水一段时间后会开始剧烈泌盐直至死亡。 　　总之，相比陆生植物，红树具有更强的耐盐性，这决定了其"海岸卫士"的重要角色。通过实验探究其最适合的盐浓度等环境指标，从而更好地维护红树林的生态环境，保护红树林及其生物多样性。			

四、工程制作（建议 2 课时）

课程名称： 探究红树林植物的生长环境——土壤盐浓度检测装置的制作	**建议课时数：** 2 课时	
学科： 物理、生物、信息技术、通用技术	**年级：** 八年级	
主要负责老师： 物理老师、生物老师、信息技术老师		
综述/设计意图： 　　本课程在学生设计好探究红树林植物与环境的具体问题后，让学生了解土壤盐浓度的检测方法和原理，利用所学的编程、科学以及机械知识，完成土壤盐浓度检测器的工程制作。		

核心知识点	1. 测量土壤盐浓度的方法和原理。 2. 电导率与盐度的关系——认识 TDS 传感器，理解 TDS 传感器的原理。 3. CocoMod 电子模组（主控模组、Wi-Fi 模组、转接模组）的使用。 4. CocoBlockly 编程平台的使用。 5. Wi-Fi 与 CocoCloud 通信的原理。 6. 工程制作技能与关键步骤。
教学目标	1. 学生能够理解测量土壤盐浓度的方法和原理。 2. 学生能够理解 TDS 传感器的原理，掌握电导率与盐度的关系。 3. 学生能够正确使用 CocoMod 电子模组（主控模组、Wi-Fi 模组、转接模组），可视化编程平台 CocoBlockly 和云服务平台 CocoCloud。 4. 学生能够理解 Wi-Fi 与 CocoCloud 通信的原理，理解 CocoBlockly 语言中程序设计的基本结构，掌握编程的方法和步骤。 5. 学生能够积极发挥创意，完成土壤盐浓度检测装置的设计方案，并根据方案进行编程与制作，运用传感器、主控模块和转接模块动手制作出土壤盐浓度检测装置。 6. 学生在制作过程中提高创新实践能力、综合知识的运用能力、自主解决问题的能力、审美与艺术创造能力、团队合作能力等。
教学准备	1. 经验准备：学生能够确定科学探究的具体问题，确定制作的模型要实现的功能。 2. 教具准备：电脑、模组平台、电池、杜邦线、电子模块、隔离柱、螺丝、烧杯、盐水等。 3. 学具准备：除与教具同样的准备材料外还有相关的多媒体、课件、工程制作记录表和互评表。
实施方式建议	1. 教师讲解（土壤盐浓度测试方法，TDS 传感器——电导率与盐度的关系）。 2. 教师讲授及演示（编程及电子元器件的连接方法）。 3. 学生小组讨论（具体为讨论设计方案、解决方法、优化方案等）与动手实践：通过模块编程和模组平台的组装，制作土壤盐浓度检测装置。 ① 需求定义与创意构想：在科学探究的基础上，明确项目主题。通过创意构想与编程，制作土壤盐浓度检测装置，收集系列数据。 ② 外观制作：根据设计方案，选取合适材料，制作模型外观。 ③ 电子编程：根据设计方案，运用计算机编程，实现模型功能。 ④ 模型测试：多次测试模型，确定是否符合设计方案，并进行修改优化。
教学过程	教师将进行以下内容的讲授，学生进行小组讨论与实践操作。 **第一部分** 1. 学习土壤盐浓度的检测方法。 2. 学习电导率与盐度的关系。 3. 认识 TDS 传感器并学习原理。

（续表）

教学过程	① TDS： TDS 是英文 total dissolved solids 的缩写，中文译名为溶解的固体总量，测量单位为毫克/升（mg/L）。TDS 值越大，说明盐浓度越高，反之，浓度越低。 ② 影响 TDS 效果的因素： ● 水温：TDS 笔的最佳测试温度为 25 ℃，不可用于测量高温水体。 ● 水的流速：TDS 笔不能用于测量晃动较大的水体。 ● 水质污染：TDS 笔不能用于测量污染浓度较高的水体。 **第二部分** 1. 学习 CocoBlockly 编程平台的使用，了解主控模组、Wi-Fi 模组和转接模组。 2. 学生练习模组的组装。 3. 认识编程的 IPO 模型以及程序的简单编写与上传。 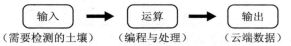 4. 学习使用 CocoCloud 平台，掌握如何创建事件。 5. 学习 Wi-Fi 数据传输方式，了解 Wi-Fi 与 CocoCloud 之间通信的原理，尝试编程建立通信，将从传感器采集到的主控数据发送到 CocoCloud 中。 **第三部分** 1. 设计运用现有材料制作并美化土壤盐浓度检测器的外形。 2. 测试土壤盐浓度检测装置的效果： ① 准备三杯浓度不同的盐水以及一杯清水。 ② 用土壤盐浓度检测装置检测三个烧杯中的数据。 ③ 对比三组数据检验装置的效果，验证土壤盐浓度与土壤浓度检测器数据的对应关系。 3. 根据装置检测对模型外观、程序以及实现效果进行优化。 实验记录表：

	溶液质量	溶质质量	盐浓度	传感器读数
实验组 1				
实验组 2				
实验组 3				
对照组 （清水）				

（续表）

成果与评价	**个人成果：** 　　个人成长档案	**知识和能力的评价：** 1. 对电导率与土壤盐浓度的关系的理解。 2. 对工具与电子模组的使用能力。 3. 对编程平台的使用和相关编程知识的掌握。
	团队成果： 1. 工程制作报告和互评表。 2. 土壤浓度检测装置。	**知识和能力的评价：** 1. 小组合作分工与沟通能力。 2. 设计思维的灵活运用。 3. 跨学科技能与素养：审美与艺术创造能力、创新实践能力、综合知识的运用能力、自主解决问题的能力。
注意事项	1. 注意工程操作安全性。 2. 注意避免使用的材料和电子模块耗损。	

五、汇报展示（建议 1 课时）

（一）本课主要内容

经过前四部分的学习，学生基于生活发现问题，提出问题，并最终接受了任务——设计培育红树苗并探究其生理特性的实验方案并实施，并且在设计和实施过程中对方案不断地进行优化和更新。本课每个小组将自己的实验结果带上舞台，对自己的实验过程和结果围绕评价量表进行汇报展示。

（二）教学目标

1. 学生能够完成培育红树苗及相关实验，并对全过程进行记录和总结。

2. 学生能够在汇报过程中锻炼语言表达能力，增强团队合作的意识。

3. 学生能够在整理资料时培养信息整合能力。

（三）教学实施的程序

环节	教学内容	教师组织和引导	学生活动	教学意图
回顾过程，导入新课	在前期的学习过程中，同学们有勤于思考的头脑、善于观察的双眼和环保之心，作为深圳市的中小学生，我们都想着为保护红树林做一份贡献。	学生确定了任务之后，成立了各小组。每个小组根据教师的评价量表开始查找资料，并到保护区体验了红树保育者的工作，对红树林有了更深入的了解。为了探究红树的生理特性，设计了培育方案和对比实验，本节课将对其进行汇报展示。	回顾课程，准备展示。	回顾过程，导入新课。
	操作难点解析： 本环节主要回顾学习过程，让学生清晰流程。			
出示量表，学生汇报	出示终结性评价量表，学生围绕量表进行展示。	各组带着本组培育的红树苗及自然观察笔记，进行汇报展示。	在汇报过程中，学生带齐过程性记录资料，并在汇报过程中进行展示。	锻炼学生的团队协作和口头表达能力。
	操作难点解析： 实验可能会出现与预设不太相符的结果，要引导学生进行反思，分析原因，以便得出更科学的结论。			
多种评价，完成量表	小组汇报后，教师鼓励其他小组提出问题并进行评价，汇报小组对问题给予解答。以教师评价、小组互评、组员自评等多种评价方式完成此环节。	教师可以用以下问题引导学生对汇报小组的提问： 1. 我们还能设计出针对红树其他生理特性的实验吗？ 2. 这个小组实验方案与其他小组的不同之处在哪里？ 3. 土壤盐浓度检测装置在测量时是否有局限性？为什么？	对其他小组进行评价和提问。	培养学生倾听的习惯和学会提建议。
	操作难点解析： 学生在聆听中要学会归纳问题、提出问题。			

（续表）

环节	教学内容	教师组织和引导	学生活动	教学意图
总结反思，拓展延伸	全部小组完成汇报反思后，教师组织学生讨论。	回顾项目式学习的学习过程，总结你在过程中的收获与反思。	请各组在完成终结性评价量表后，对每个小组的分数进行统计。并选出前三名"红树小达人"小组。课后继续完善成果。	培养学生反思能力。

操作难点解析：

　　根据评价量表进行评选，但是要和学生强调评价并不是单方面的，而是多方面综合性的。

课堂收获

参考文本：

　　本次中国红树林保育联盟与游云—生态教育工作室合作开展的生态修复活动既锻炼了我们的综合实践能力，又开拓了国际视野，进一步提高了我们保护生态的意识，让保护红树林深入我们的心中。对此，我们提出了以下建议：

　　（1）建议政府联合各环境保护 NGO，在全市中小学大力推广此类认养活动，让更多中小学生能够亲身参与并有所收获；

　　（2）在红树林自然保护区开放生态教育中心，让市民能够直观了解红树林独特的生理特点和宝贵的生态学价值，从而理解保护红树林的重要性；

　　（3）长期开展深厦两地的学生生态教育交流活动，让厦门的红树保育理念和先进经验影响和带动深圳，让我们的第二市树名副其实。

六、教学评价

评价项目下载 （提取码：X4p5）	

七、课程反思

（一）充分利用校本资源和项目式学习方法

　　根据项目式学习的真实性，开展项目式学习课堂首先需要选择贴近学生生活、符合生活情境的内容。盐田区外国语学校是国际生态学校，学校参与编写了地方环境教育教材《探索红树林》，并开展了一系列红树林保育宣传的活动。因为红树林是学生熟悉的环境，所以学生对此项目都非常感兴趣，能够激发学生的学习积极性。项目式学习不是让学生简单地学习知识，而是让学生学会获取知识的途径；不是单纯地做实验，而是可以用知识解决生活中的问题；不是单纯的手工课，而是像科学家一样思考，像工程师一样解决问题。所以，我们在选择课程内容的时候也要关注到是否能够符合以上的目标。

（二）丰富课程资源和进行科学评价

此课程建议课时是 8 课时，还要加上后期的拓展内容（如专题讲座的开展及红树苗的复种等）。因为项目式学习不是课程大纲上的内容，到目前为止，对学生此方面的考核内容少之又少。我们想到，需要将过程性评价量表使用起来。所以我们在每一个环节都设计了过程性评价量表，让学生做完这一步后，对自己小组进行评价，再继续下一个环节。这样不仅让他们的流程清晰，而且通过评价量表的奖励机制也能提高他们的学习积极性。

（三）融合跨学科资源和挖掘学生核心素养

项目式学习还具有很明显的跨学科性，所以一个项目里需要有不同学科的老师加入。在本次项目中，我们团队里有生物老师陈霄翔、谢文珍，地理老师李海燕、李明月，物理老师梁瀚威，信息技术老师李昶宏，英语老师杨秋蓉等，所以当学生有哪方面的学科知识存在疑惑的时候，就可以去寻找该学科的老师。同时，每个老师都需要积极地提升自己的学科融合能力，不断地参加关于项目式学习的培训，以便更好地挖掘学生在不同学科方面的核心素养。

附 1：资料素材

扫描右侧二维码获取 （提取码：11jl）	

附2：活动图片展示

情境导入：认识红树及红树林

职业体验：保护区内的红树保育

科学探究：设计红树苗的培育方法

科学探究：设计对比实验

工程制作：开展对比实验

工程制作：设计的土壤盐浓度检测仪

拓展课程：复种红树苗进行生态修复

拓展课程：红树林生物多样性墙绘

第三节　树叶为什么黄了
—— 以制作植物智能补光装置为例 *

课程背景与目标

　　林园小学北倚梧桐山，东眺盐田港，山幽鸟鸣，宁静优美。校园内顶层花园与底层园圃交相叠翠，绿植丰富多样。而四年级的学生学习《认识植物》后，对校园的植被产生了浓厚的兴趣。"校园内有些什么树呢？""这些树有什么样的特点？"围绕学生提出的这些问题，教师运用各学科知识帮助学生探索解决问题，以响应习近平总书记提出的"绿水青山就是金山银山"的理念。

　　为了引领学生探究树的价值，我们采用团队合作和项目探究相结合的方式，运用学科相关知识自主地学习，不断加深对树的认识。在不同学科背景教师的引领下，学生综合运用多学科知识解决问题，养成观察身边事物的习惯，提高了综合实践能力。同时，也加强了保护环境的意识。

课程领域

　　科学、美术、英语、语文、音乐、数学

建议年级

　　四年级

建议课时

　　7 课时

教学过程

一、情境导入（建议 1 课时）

（一）本课主要内容

本课学习的主要内容是在学生对校园里已有树木的基本特征和生活习性

---

　　* 本案例由深圳市盐田区林园小学提供，李智姣、程帆、黄祖林共同执笔。项目组主要成员有李智姣、程帆、黄祖林、易群兰、李梅先、梁洁明、周晓璇、严璐瑶、林晓云、施洁仪、彭思思、张秋丽、唐小芳、王蓓等。

等有了基本了解的基础上，通过查阅资料、小组讨论等方式，对"树叶为什么黄了"的原因进行合理假设。

（二）教学目标

1.学生通过收集资料，培养自主学习的能力。

2.在同学分享过程中，其他同学要养成耐心倾听他人分享并概括、记录主要内容的学习习惯。

3.通过团队合作对问题提出假设，在此基础上尝试创作完成开题小报告，让学生培养小组合作与沟通的能力，体验团队的力量，从而提高团队精神和合作意识。

（三）教学实施的程序

环节	教学内容	教师组织和引导	学生活动	教学意图
探讨树的特点	探讨校名"林园小学"的含义。联想到学校内有各种各样的树木，参观学校的树木。	教师设计预习单，带领学生参观学校中的各种树木。	初步认识学校的树木，选择一棵自己喜欢的树完成预习单。观察树木的外形、叶子的形状，并拓印树皮等。	激发学生对树木知识的兴趣。
	围绕一棵叶子发黄的树提出问题：这棵树的叶子为什么黄了？	抛出问题，引发学生的思考，比如：这是一棵什么树？它的叶子为什么不是绿色的？	思考讨论，提出问题。	提问并引发学生思考，增强学生自主学习的意识。
	学生提出对这个问题的猜想和假设。	引导学生从植物养护、光合作用原理等方面做出假设。例如： 1.这棵树是不是生病了？或者被虫子咬了？ 2.这棵树是不是没有浇足够的水？ 3.这棵树是不是没有足够的光？	查阅资料，分组讨论，提出假设。	锻炼学生收集资料的能力和记录主要内容的能力。

（续表）

环节	教学内容	教师组织和引导	学生活动	教学意图
探讨树的特点	**操作难点解析：** 　　设计的预习单需要清晰，符合学生的特点。教师需要通过举例来帮助学生对"树叶为什么黄了"这个问题提出假设。			
	课件及过程照片下载			

二、职业体验（建议 1 课时）

（一）本课主要内容

本课学习的主要内容是让学生在已有认知的基础上，通过多种途径体验与自然界中的树打交道的职业。学生在保持探究兴趣的同时增强社会责任感，并在教师的引导下主动思考想要探究的问题和解决问题的方法。

课程主要分为以下几个部分：一是多感官情景学习（护林工、园艺师等相关职业类的视频或新闻等）。通过多元的视听体验，引起学生探索的兴趣。需要教师课前布置作业，让学生上网查阅或询问身边的人，了解与自然树相关的职业。二是课上通过头脑风暴，说出与其相关职业，并请了解护林工和园艺师这两种职业的同学上来介绍；组内问题收集并设计采访表："你想了解这两种职业的哪些方面？"三是学生在小组成员的努力下或身边人的帮助下预约并采访林场的相关人员，让他们来介绍林场的主要职责和岗位。学生选择林场中主要工作岗位进行职业体验。四是全班同学分享职业体验感想，并且小组内可以合作进行情景剧或音乐表演等。

（二）教学目标

1. 通过网上收集资料，了解与自然树相关的职业，培养学生自主学习的能力。

2. 尝试预约并采访林场相关人员，了解他们主要职责与岗位，提高自信心、逻辑表达能力、采访中选取题材的能力以及控场能力。在教师引导下完成岗位工作，提高实践能力，体验工匠精神。在此基础上学习创意表达，激发学生的创新力和想象力，进一步探究和创作歌曲、情景剧等。通过与自然树相关的职业，体验劳动的艰辛，树立尊重别人劳动成果的意识，体会劳动创造幸福生活的内涵。

3.通过小组合作，学生围绕采访问题以及情景剧等的编排，提出探究的问题，收集和整合相关信息，通过反复实验解决制作过程中遇到的问题，培养合作解决问题的能力和发展创新精神。

（三）教学实施的程序

环节	教学内容	教师组织和引导	学生活动	教学意图
了解与自然树相关职业	回顾上一课时对"树叶为什么黄了"这个问题提出的假设。让学生通过课前查阅资料或询问身边的人，了解与自然树相关的职业并分享。	从植物养护知识方面对"树叶为什么黄了"这个问题进行探究。向学生简单介绍与自然树相关的职业有哪些，引导：同学们，你们在生活中接触过护林工、园艺师等相关职业吗？你们对他们的工作有什么看法呢？	进行头脑风暴，说出与自然树相关职业有哪些，我们是否可以寻求他们的帮助。	培养学生的口头表达能力。为解决"树叶为什么黄了"这个问题寻求专业帮助。
	展示短视频或新闻。	抛出问题，引发学生的思考，比如：你们了解护林工和园艺师吗？	观看视频及新闻，思考讨论并分享想法。	提问引发学生思考，以提高学生自主学习的意识。
	布置作业：小组问题收集并设计采访表，预约并采访相关人员。	引导学生完成采访表的设计，并给出相关意见。	结合疑问，设计采访表，并礼貌预约采访相关人员，做好采访记录。	锻炼学生采访中选取题材的能力、控场能力、逻辑表达能力。培养学生能够清晰地表明自己的观点以及总结归纳的能力。
	操作难点解析： 　　学生小组独立完成采访表设计，会增强学生对该职业的好奇心，并可锻炼学生各方面的能力。			

（续表）

环节	教学内容	教师组织和引导	学生活动	教学意图
职业体验	学生分享职业体验。	引导：通过自己查阅资料，你们对相关职业一定有了一些了解，那么请同学上来分享一下吧。	选取两种职业中的一种，介绍该种职业的内容及其贡献。	让学生对相关职业进行更深入的了解，有助于学生了解自然树与护林工、园艺师相关职业的联系。
	外出参观沙头角林场。	带领学生进一步了解护林工、园艺师。	听解说并自我思考相关职业的责任以及贡献。	有助于学生自主思考护林工、园艺师等相关职业在社会中的责任及贡献。
	体验职业。	组织学生扮演沙头角林场护林工、园艺师。	体验林场主要职责和岗位的工作内容。	训练学生的动手能力和思考能力，有助于获得树木种植和保护等的基本知识与技能。
	分享职业体验感受。	学生分享采访稿、手抄报，引导学生在体验中主动思考，并提出有关的问题，分享职业体验感受。	在体验中思考，将问题和方法整理和记录下来，分享职业体验感受。	学生在保持探究兴趣的同时增强社会责任感，并训练解决问题的能力。

操作难点解析：
　　职业体验时，服从组织和安排，遵守相关秩序。

职业体验过程照片和学生作品下载	

三、科学探究（建议 1 课时）

（一）本课主要内容

　　本课学习的主要内容是让学生在教师的引导下了解自然树的光合作用原理，并通过光合作用装置进行实验；了解自然树的光合作用的特点及作用，并且培养相应的跨学科技能和素养。

（二）教学目标

　　1. 学生能够掌握科学探究方法，在实验探究中获得信息采集与分析、实验设计与检验、问题提出与解决的能力。

2. 学生能够在学习共同体中构建对光合作用的理解，知道光合作用过程以及光合作用对改善自然环境的意义。

3. 学生能够养成良好的科学态度、科学精神和科学思维，运用跨学科知识技能解决实际问题。

（三）教学实施的程序

环节	教学内容	教师组织和引导	学生活动	教学意图
实验探索：植物生长所需的条件	引导学生提出问题。	引导学生对植物生长所需的条件进行了解。	学生讨论，提问：植物需要光吗？植物需要水吗？如果植物没有光和水它还能生存吗？	培养学生探究的习惯。
	设计实验并完成实验。	准备实验相关器材、仪器，组织学生设计实验方案，分组探究植物生存的基本条件。	在设计实验前，学生需要考虑：1. 设计实验计划。2. 如何通过对比实验进行条件的改变。3. 实验中，认真观察植物生长情况，及时记录实验数据。通过柱状图、图片、文字等方式进行记录。	培养学生严谨的科学态度及探究事物的科学方法。
	收集实验数据，探究实验结果。	指导学生对实验数据进行归类整理与分析。根据实验结果得出结论。	1. 根据所记录的数据分析，两周后树在哪种生长条件下长得最高，在哪种生长条件下长得更健壮？2. 通过使用柱状图、图片、文字等方式进行记录，最后总结出植物需要的生长条件。3.（拓展）还有哪些因素会影响植物的生长？	培养学生信息采集与分析的能力。
	操作难点解析： 让学生设计实验方法和分析实验结果。			

（续表）

环节	教学内容	教师组织和引导	学生活动	教学意图
观摩学习：植物如何制造食物	激发学生探究光合作用的兴趣。	你能想象有一天你不需要吃食物吗？植物不仅可以不吃食物，还能够"制造"食物。组织学生观看树叶光合作用的结构图、视频动画等。	学生讨论植物是如何"制造"食物的？	让学生留意观察身边事物，培养学生对生物的探究兴趣。
	讲解光合作用原理。	演示树叶光合作用的结构图、视频动画等。讲解光合作用原理。	参与学习，做笔记，绘制光合作用简易构成图。	让学生了解光合作用的原理。
	操作难点解析： 　　对于光合作用的形象理解。			
	课件及过程照片下载			

附：探究实验的计划与实施

1. 选种。取几颗没有破损、颗粒饱满的黄豆，并在花盆上分别贴上标签。实验材料需要提供有刻度的盛水量筒以及量尺等。

2. 观察。如何观察黄豆的变化？它长高了吗？叶子长势如何？用尺子测量和观察植物的变化（可使用照片和文字描述）。

3. 把标有"无光"的黄豆放在黑暗的地方，比如用黑色塑料袋套着。

4. 预测。你认为在不同生长环境下黄豆会有什么变化？记录你的预测结果。

5. 隔一段时间观察植物和测量株高。要求学生通过图片和文字记录观察结果。

6. 学生将收集的数据采用表格和图表的形式表现出来。

编　号	发芽时	发芽后		
		第 1 天	第 4 天	第 7 天
黄豆 1	株高：＿＿厘米 长势：＿＿（茂盛、没变化、发蔫等描述）			
黄豆 2				
黄豆 3				
黄豆 4				

四、工程制作（建议 2 课时）

（一）本课主要内容

本课的主要内容是根据科学探究中学到的光合作用知识，解决校园里部分树木没有良好的光照条件的问题，制作植物的智能补光装置，让背光处的树木也可以进行光合作用生成足够的养分，并且使校园环境更加清新。本课利用和激发学生的创新能力、解决问题的能力来制作智能补光装置。

（二）教学目标

1. 学生能够正确使用电子模组 CocoMod（主控模块、环境模块、LED 灯屏模块、转接模块等）和可视化编程平台 CocoBlockly。

2. 学生能够理解 CocoBlockly 语言中程序设计的基本结构，掌握编程的方法和步骤。

3. 学生能够积极发挥创意，完成智能补光的设计方案，并根据方案运用电子模块和其他材料动手制作出智能补光装置。

4. 学生在制作过程中提高了审美与艺术创造能力、创新实践能力、综合知识的运用能力、自主解决问题的能力，并增强了团队合作的意识。

（三）教学实施的程序

环节	教学内容	教师组织和引导	学生活动	教学意图
提出驱动性问题	根据学生对校园树木生长环境的考察和了解，结合光合作用的科学知识，提出要解决的问题。	引导学生结合校园环境，提出现实生活中的问题——树木能使校园里的空气更清新；树木在生长过程中光合作用至关重要，但校园里部分树木因受地理位置的影响，常年不见阳光，该怎么办呢？	学生自主思考，讨论交流，提出问题。	学生结合所学科学知识——光对植物生长的影响，联系实际生活情景，思考并提出待解决的问题。
设计智能补光方案	回顾光合作用的原理。	请同学们回顾一下光合作用的原理。	回顾光合作用原理，运用所学知识思考如何进行补光。	温习已有知识，从而思考解决方法。
	设计智能补光方案。	请同学们思考：如何利用补光装置提供的光照使树木在没有足够的自然光照的条件下完成光合作用。	小组讨论，思考得出补光方案。	充分发挥学生的自主思考能力、创意能力及小组合作能力。
	根据方案确定需要学习的电子知识与编程知识。	同学们，现在请你们根据自己的设计方案确定需要学习的电子知识与编程知识。遇到难题时可以先通过小组讨论来解决问题。	学生独立学习所需电子知识和编程知识，遇到难题时小组合作共同解决问题。	增强学生创新思维的能力、探究精神和分工合作的能力。
	操作难点解析： 　设计智能补光方案需要明确项目主题和需求，通过创意思维确定编程模块和内容，设计可行的智能补光装置。			

（续表）

环节	教学内容	教师组织和引导	学生活动	教学意图
学习编程和电子模组知识	学习编程平台的使用方法。	教师通过操作演示进行讲解。	学生跟着操作，并自己进行简单的编程。	学生能够理解 Co-coBlockly 语言中程序设计的基本结构，掌握编程的方法和步骤。
	学习电子模组的功能和使用方法。	给学生示范讲解主控模块、环境模块、LED 灯屏模块、转接模块的功能特点和使用方法。	学生跟着操作学习，并利用电子元器件简单编程。	学生能够正确使用主控模块、环境模块、LED 灯屏模块、转接模块等。
	操作难点解析：　　学生了解和掌握主控模块、环境模块、LED 灯屏模块、转接模块等及编程平台的使用方法。			
外观制作	根据设计方案，选取合适材料，制作模型外观。	请同学们根据需求考虑装置外观和造型以及所使用的材料（如防水材料等），遇到问题先通过小组讨论探究来解决问题。	根据需求考虑装置外观和造型以及所使用的材料（如防水材料等）。	增强学生的动手操作能力、创新思维能力及探究精神和合作能力。
	检查，试验。	请同学们检查智能补光装置外观的完整性。	学生小组合作自检与互检。	完善智能补光装置的外观功能。
	小结：学生互相分享智能补光装置外观制作过程中的点滴。	同学们，请你们互相分享智能补光装置制作的点滴，制作过程中的感想、心得。	学生互相分享制作成功的要素，互相找出失败部分的原因。学生一起分享，一起进步。	培养学生的语言沟通能力、表达能力。
	操作难点解析：　　学生根据需求考虑装置外观和造型以及所使用的材料（如防水材料等）并进行设计制作。			
课件及过程照片下载				

环节	教学内容	教师组织和引导	学生活动	教学意图
电子编程	根据需求学习智能补光装置的程序编写以及模块组装。	同学们，请你们根据设计方案，运用电脑编程，实现模型功能。	根据设计方案，运用电脑编程，实现模型功能。	增强学生的逻辑能力、创新思维能力及探究精神和合作能力。
	实地考察与收集资料，设定自然光照判断值以及补充光照的亮度值。	同学们，一定要实地考察得到正确的值，否则无法正确实现补光效果。	实地考察、收集资料并记录下来。	增强学生的综合知识的运用能力以及团队合作的意识。培养学生严谨的学习态度。
	检查，试验。	请同学们检验补光装置的功能是否完全实现。	在不同的光照效果下观察补光装置的功能是否能实现。	培养学生的科研探究能力。
	小结：学生互相分享编程过程中的点滴。	同学们，请你们互相分享编程过程中的点滴感想、心得。	学生互相分享制作成功的要素，失败的部分互相找出原因。学生一起分享，一起进步。	培养学生的语言沟通能力、表达能力。
	操作难点解析： 学生根据需求进行编程，并要实地收集数据。			
原型测试	多次测试。	同学们，请你们在多环境下进行测试，记录数据。	在多环境下进行测试，记录数据。	培养学生的科研探究能力。
	进行修改优化。	同学们，请你们根据测试结果，进行修改优化。	根据测试结果，进行修改优化。	锻炼设计思维的灵活运用，以及培养跨学科技能与素养：审美与艺术创造能力、创新实践能力、综合知识的运用能力、自主解决问题的能力。
	操作难点解析： 学生需根据数据进行修改优化。			

五、汇报展示（建议 1 课时）

2019 年 5 月 31 日，林园小学"探究自然树"项目式学习成果展示活动，在学校一楼大厅成功举办。全校师生热情积极地参与到展示活动中，盐田区教育科学研究中心陈尚宝副主任，林园小学易群兰校长、刘进平副校长和李梅先副校长莅临本次活动并给予指导。

展示形式：参与体验的展位。

树的光合作用实验展示：各个小组分别对黄豆进行水培、土培、无光照、无空气的培育。经过了两个星期的观察记录，每位学生都收获良多。展示当天，学生们通过实物、实验过程照片等方式自信地向同学们、老师们、领导们介绍整个实验的目的、过程以及结论。

树的智能补光装置展示：学生可以通过实物现场体验，当光照不足时，智能补光装置亮起，开始为植物补光；光照充足时，智能补光装置熄灭，智能补光装置进入休眠状态，达到节能环保的目的。

表演情景剧《林园四季》：四年级的学生们通过"探究自然树"项目式学习，自编自导自演情景剧《林园四季》。由四年级的学生担任主演，用合唱、舞蹈、表演和朗诵四种形式表现出具有林园特色的春夏秋冬的树的景观，体现了他们通过探究校园里的树而产生的对学校更深沉的爱。

汇报展示照片	

六、评价反思（建议 1 课时）

（一）本课主要内容

学生针对学校树木生长环境存在的问题，提出了研究树的想法。经过前面课程的学习，学生完成了对树的药用、食用、艺术价值的研究，对植物生长的科学探究和最后的智能补光装置的工程制作。各个小组在整个学习过程中，围绕着评价量表进行汇报和反思。

（二）教学目标

1. 学生能够总结科学探究的基本流程。

2. 学生在汇报时，锻炼了语言表达能力，增强了自信心和团队合作意识。

3. 学生在收集整理资料时，培养了信息整合分类能力。

（三）教学实施的程序

环节	教学内容	教师组织和引导	学生活动	教学意图
回顾过程，导入新课	在对学校里的树的生长环境进行了解研究之后，作为一个林园人，要保护我们学校的一草一木，让它们茁壮成长。	同学们在发现问题之后，纷纷成立了小组，在教师的引导与帮助下，对树木进行了不同方面的研究。同学们还采访了林场的工作人员。最后，设计并制作了智能补光装置。请各个小组上台向大家分享收获吧！	回顾整个课程，准备进行汇报。	回顾整个活动过程，导入新课。
	操作难点解析： 回顾整个项目式学习过程。			
学生汇报	各个小组进行分享。	组织各个小组进行分享。	在汇报过程中，可以通过实物、视频、文字等过程性资料进行展示，重点分享操作过程中的想法和收获，并进行反思。	学生回顾活动过程中的点滴。锻炼学生的语言表达能力，并使学生养成及时反思总结的习惯。
	操作难点解析： 组织学生汇报。			

（续表）

环节	教学内容	教师组织和引导	学生活动	教学意图
评价与思考	小组汇报后，进行多种方式评价：教师评价、组内评价、学生自评等。	引导学生对汇报小组进行提问。在活动过程中，遇到了什么困难？又是怎么解决的？智能补光装置还能够如何进行改进？可以添加什么新的功能？下一步研究的方向？	对其他小组的汇报进行提问与评价。	培养学生耐心倾听的习惯，以及独立思考、提合理建议的能力。
	操作难点解析： 　　学生倾听与思考，提出问题。			
总结与反思	组织学生讨论收获与反思。	回顾本次学习，总结你们的收获与反思。	采纳其他小组的合理化建议，并对产品进行迭代更新。小组交流学习收获与反思。	培养学生总结与反思的能力。
	操作难点解析： 　　学生总结与反思的能力，产品更新迭代的意识。			

七、课程反思

本次项目式学习，学生和教师都用心参与，取得了丰硕的成果。当然，在一切完成之后，必不可少的是真实、深刻的课程反思。本次项目式学习的课程反思，有以下五个亮点：

（一）创设真实情境

根据项目式学习的真实性，开展项目式学习课堂首先需要选择与学生日常生活关系较密切的内容。林园小学地处梧桐山脚下，四面被绿树环绕。而且，我校目前正在逐步建设"自然树"课程体系，目的是引领学生接触、了解大自然。学生在学习中接触树木的机会非常多。基于这两点实际情况，学生选择去探究校园里的树。对于学生来说，他们首先观察和调查了校园里的树的情况，这极大地激发了他们学习探究的积极性，并由此提出了一系列的问题。相对于主题式学习，项目式学习不是让学生简单地学习知识，而是让学生从生活中提出问题，并由此展开探究；不是单纯地做实验，而是可以用所学知识解决生活中的问题；不是单纯的手工课，而是像科学家一样思考，像工程师一样去解决问题。所以，我们在选择课程的内容时，更要关注是否符合以上的目标。

（二）充分尊重学生的学习主体性

本次活动超出原定教学计划的课时，其中很大一部分原因，是学生在不同的课上，不仅仅去试着解决问题，而且在探究问题的过程中，发现和提出新的疑问。面对这些教学计划之外的疑问，教师充分尊重学生的学习主体性，引导、协助学生去广泛、深入地思考。有的需要实践验证的疑问，老师也给予学生时间，让学生去做实验、采访和实地考察等。所以，本次项目式学习的收获是非常多的。

（三）注重培养学生的学习素养和探究能力

在项目式学习中，需要涉及跨学科学习。对于四年级的学生来说，这既是一个难度不小的挑战，也是一个值得珍惜的机会。在跨学科学习里，学生们需要把两个方面做到位：第一，不断提高对不同学科学习、探究要求的认识和理解；第二，在尝试的过程中，逐步学会如何把不同学科的学习融合在一起。

项目式学习对参与教师来说也是挑战和机会。教师们首先在学习进程中应系统地讲解各自学科在学习、探究里知道的事项，提升学生各学科的学习素养和探究能力。同时，在项目式学习的推进过程中，遇到跨学科情况时，要通过多种方式，引导学生跨学科学习。例如，在工程制作成果的汇报方面，学生需要先整理出制作过程的完整文字记录，并以此为依据，进行解说稿的撰写和解说的演练，以锻炼学生在语文学科上的说、写能力。另外，学生还需要操作有关装置，这离不开学生对于科学知识的掌握和运用。在汇报时，学生们采用中、英文双语解说，这也锻炼了学生的英语表达能力。而且，在准备和进行汇报时，小组成员之间的合作、沟通能力也得到了很大的提升。

从结果上看，本次项目式学习不仅有丰富的学习、探究成果，更重要的是，学生们的学习素养和探究能力都得到了很大的提升。

（四）注重跨学科学习和探究

项目式学习具有明显的跨学科性，所以一个项目里需要有不同学科的老师加入。在本次项目中，我们团队里有许多学科的老师，如科学老师程帆，语文老师黄祖林、梁洁明、周晓璇、严璐瑶、林晓云，美术老师彭思思、张秋丽，英语老师李智姣、唐小芳，数学老师施洁仪，音乐老师王蓓。所以，当学生在探究的过程中，遇到一些不清楚的学科基础知识，就可以向有关老师了解。当学生在学习时遇到了瓶颈，老师们也会给予适当的提示。老师们在指导过程中，也应充分注意尊重学生学习的主体性，不应大包大揽地设计探究、解决问题的方案。

对于本次学习组内的每一位老师来说，项目式学习也是一个比较新的范畴。因此，在项目式学习的进程中，每个老师都需要积极地提升自己的跨学科能力，不断地参加关于项目式学习的培训。

（五）善于记录项目式学习的过程

在项目式学习的过程中，无论是在探究伊始还是探究的进程中，学生们可能会提出许多问题。这也就意味着，学生探究问题的数量是比较多的。如果缺少了对于学习过程的记录，学生们或许无法对整个学习过程有系统性的理解，进而无法真正地探究和解决问题。

在本次项目式学习中，老师们对如何使这次学习过程更有系统性下了很多功夫。让我们惊喜的是，学生们提出了众多记录本次学习过程的方法。例如，有学生提出用文字记录探究过程；有学生认为应该在每一个阶段结束后，注意写学习的心得体会和反思；还有的学生给老师们提出建议，认为老师们要注重教案设计的整理、撰写教学反思和再设计教案，从而有助于优化"自然树"课程体系的建设。

在课程反思的过程中，除了亮点以外，我们也有值得提高的地方，主要有以下两点：

（一）评价量表的设计较为简单

本次项目式学习，学生们注重了学习过程的记录。在评价方面，每一个阶段的学习结束后，有关老师也会给予专业的评价。不过，在评价量表的设计上，由于涉及的项目数量较少，划分不够精细，以至于评价的内容稍显简单。

通过这次项目式学习，我们将吸取本次经验，注重落实评价量表的设计和运用，特别是注重在学习过程中，评价量表的合理调整，以便给予学生更到位的建议。

（二）工程制作成果的应用还没有完全落实

学生在科学探究的过程中，掌握了光合作用的原理。并且通过探究，成功地制作了植物的智能补光装置。不过，目前我们还未在其应用上完全落实，没有推广使用。如果条件允许，针对某些植物，可以尝试落实和推广这个植物智能补光装置。

在这次项目式学习中，学生们锻炼了能力、增长了知识，老师们也收获了跨学科教学的经验。我们相信，林园小学的下一次项目式学习，一定会收获更多！

附：活动图片展示

调查林园小学校园内的树

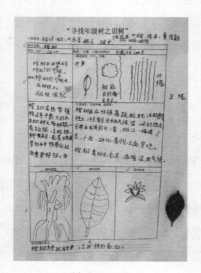

树的记录单　　　　　　　　　　　学生制作树贴画

周末去药房采访医生

老师在讲解植物的光合作用

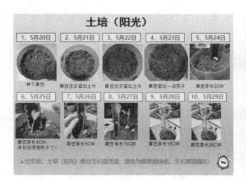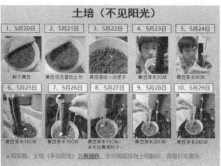

植物的光合作用实验

第三章　生活场景类案例

第一节　台风来了
——以制作智能风速仪为例*

课程背景与目标

天气几乎每天都在影响着我们的生活，梅沙湾独特的地理环境和气候，使台风天气与居民生活息息相关。五年级的学生已经对台风有了初步认识，这些认识来自平时的生活经验、每天的天气预报或其他资料，但是他们还不清楚台风的基本特征。本课程选择与日常生活联系密切的台风天气作为范例，以研究气象学中使用的工具为课题，让五年级的学生通过查找资料、职业体验等方式了解台风天气的基本知识，引导他们思考如何规避台风天气带来的不良影响，如何获得、测量气象数据，培养学生对科学工具的设计和标准化的认识，同时通过动手制作环节强化创造性解决实际问题的能力。

课程领域

工程、数学、科学、气象学、物理、美术

＊ 本案例由深圳市盐田区梅沙未来学校提供，刘向东、蔡启辉、曾莉莉共同执笔。项目组主要成员有刘向东、聂泓、蔡启辉、曾莉莉、李浚杰、陈婷婷、陈慧贞等。

建议年级

五年级

建议课时

10 课时

教学过程

一、情境导入（建议 1 课时）

（一）本课主要内容

梅沙湾拥有独特的地理环境和气候，学生对台风天气并不陌生，但没有更深入地去了解。本节课学生将在教师的引导下，通过多种途径初步了解和认识台风天气，对台风天气产生探究兴趣和动力；通过分组合作和项目式学习的方式，能够对所聚焦的问题找到解决的方法；通过动手制作，强化学生解决实际问题的能力。

（二）教学目标

1. 通过课前对台风的了解、课中在阅览室进行的资料查阅和收集，学生围绕台风的主题，提出自己感兴趣的问题，培养发现问题、提出问题的能力。

2. 让学生将台风预警这一主题与自身对天气预测、已有台风天气的经验与知识产生联系。

3. 激发学生对台风灾害性天气的防护意识，了解预警的重要性。

4. 激发学生的探究兴趣和想象力，鼓励学生发散思维。

5. 让学生通过自主学习建构关于台风的科学知识，包括台风是什么、台风有什么特征、台风是如何产生的、台风的路径、台风会带来什么影响、台风预警的作用、台风预警的方式及面对台风简单的自我保护手段等。

（三）教学实施的程序

环节	教学内容	教师组织和引导	学生活动	教学意图
初步认识台风	教师给学生播放台风天气视频、受台风影响前后的梅沙湾的图片。	引导：通过刚刚播放的视频和图片，你有什么感受？	结合生活中的经验，产生对台风天气探究的兴趣。	学生从身边熟悉的场景去感受台风的存在，并且产生认识台风的兴趣。

（续表）

环节	教学内容	教师组织和引导	学生活动	教学意图
初步认识台风	**操作难点解析：**　　学生对台风的认识其实不少，但是如何将他们已有的经验和知识系统地归纳在一起，并且能够运用到生活中，需要教师加以引导。教师在前期备课中，需要寻找大量的关于台风的视频、图片、新闻等资料，加深学生对台风的认识，激发学生探究台风的兴趣。			
查阅信息，研讨分享	教师布置任务：学生在阅览室利用网络和图书查阅关于台风天气的资料。	组织学生到阅览室或者电脑室查找资料，各组在收集资料的过程中将资料记录下来。	学生通过查找资料，提出与台风有关的问题，并根据最感兴趣的问题进行分组，如台风的定义、台风的特征、台风的形成、台风的等级、台风带来的影响、台风的监测与预报及面对台风简单的自我保护手段等。	锻炼学生收集和整理资料的能力，并且从中提出与台风相关的话题。
	分组。	教师根据学生人数组织自由分组并选定研究方向。	学生根据自己提出的问题自由组队。	提高团队合作能力。
	老师归纳总结学生查找的资料，并且提出问题。	引导：同学们对台风天气已经有了初步的认识，知道台风带来的影响有坏处也有好处，我们需要辩证、客观地看待。但我们如何避免或者降低台风给我们带来的危害呢？	收集资料后，学生对台风有了一定的认识，思考老师提出的问题。	学会辩证地看待问题，并且为接下来的环节做好铺垫。
	操作难点解析：　　授课地点建议在电脑室或者阅览室，让学生在课堂上完成资料收集。需要注意遵守功能室的纪律和操作规范。			

（续表）

环节	教学内容	教师组织和引导	学生活动	教学意图
头脑风暴，确定任务	提出问题：作为一名社区的居民以及在校的学生，我们能够为防风减灾出谋划策吗？请联系你的生活经验，与小组同学一起头脑风暴，我们该怎么规避台风带来的不良影响。	引导：我们如何提前得知台风来临的信息？参考气象站的工作，结合台风的特征，我们应收集关于台风的哪些信息？能否制作一个能够监测气象的工具？	学生综合自己了解到的信息，进行重新整理、表达。	将学生提出的问题进行聚焦，并提出本项目的任务。
	根据学生的想法，引导学生讨论。	经过教师的引导和学生的讨论，最终确定任务，并制作一个能够测量风速的工具。	学生讨论问题，并最终接受教师交给的任务。	明确本项目的任务。
	操作难点解析： 　　引导学生从台风的特征去规避台风带来的影响，学生的想法可能是天马行空的，但是需要提醒学生从已有的知识出发去思考。最终要清晰、明确地出示本项目的任务。			
拓展延伸，发散思维	布置作业：课后继续查阅台风的相关资料。	提出问题：你们已经掌握了查找台风资料的方法，能否用同样的方法去查找小组没有提出的问题？	学生在课后继续查阅台风的相关资料，丰富对台风的认识，了解风速的概念。	调取既有知识，为下一步的讨论预热。
	操作难点解析： 　　想让学生在课后继续完善资料的收集和整理，老师需要使用过程性评价量表激发学生的积极性。			
课件下载			视频素材查看	

二、职业体验（建议 2 课时）

（一）本课主要内容

在上节课中，我们对台风已经有了初步的认识，知道了天气预警的重要性。对天气带来的影响，人们设立了多种职业来保护大家的财产和人身安全。在本课中，学生在已有认知的基础上通过"请进来，走出去"多种途径体验与台风天气相关的职业，体会天气现象与人类的生活息息相关，保持探究兴趣的同时增强社会责任感，并在教师的引导下主动思考探究问题和解决问题的方法。

（二）教学目标

1. 让学生对气象观察员、预报管理员、数据统计员等相关职业产生兴趣。

2. 让学生了解台风与气象局工作人员、渔民、建筑工人等相关职业的联系，并从从业者的角度思考台风的产生及预防。

3. 让学生自主思考气象局工作人员、渔民、建筑工人等相关职业在社会中的责任及贡献。

4. 让学生在体验中主动思考，并提出与台风有关的问题。

（三）教学实施的程序

环节	教学内容	教师组织和引导	学生活动	教学意图
介绍职业，引入主题	在上节课中，同学们已经对台风天气有了一定的认识，并且认识到预警的重要性。 引导：请同学们思考，什么职业与台风天气息息相关呢？	引导：今天我们将走出校园，一起去参观深圳市气象局，同时我们也邀请了渔民和建筑工人来学校和我们进行经验的分享。	带上课前准备好的采访问题和资料出发去气象局。	了解与台风相关的职业内容。从从业者的角度去思考如何规避台风带来的危害。
操作难点解析： 　　职业体验可不局限于渔民和建筑工人这两种职业，可挖掘出其他与台风相关的职业，并尝试去体验。				

（续表）

环节	教学内容	教师组织和引导	学生活动	教学意图
参观采访，职业体验	参观深圳市气象局。	工作人员讲解气象局的分工和天气预报的流程。	学生参观和体验气象局相关活动，并充当小记者采访工作人员。	锻炼学生提出问题和采访的能力，培养学生养成记录的习惯。
	在教师的组织下扮演气象局工作人员。	参观市气象局后，在班上组织各组学生模拟气象局工作流程。	分组扮演和体验预测天气的工作内容。	加深对气象局工作的体验。
	操作难点解析： 　　联系气象局，组织学生参观，需注意外出安全。			
基于生活，分享交流	邀请渔民、建筑工人分享他们如何预知台风将要来临，面对台风的来临他们会采取的相应措施，说一说他们与台风的故事。	台风是沿海地区常见的一种灾害性天气。有些常年在室外进行的工作，受天气影响程度较大。在面对自然灾害时，人们会基于自身经验和传统知识来应对。	学生提前准备好采访的问题，对渔民和建筑工人进行访问。	从身边从业者的角度去看待台风，让学生多方面认识台风。
	采访。	多角度了解防御台风的民间知识，从身边从业者的角度出发，体会每个职业的社会责任感。	学生对渔民和建筑工人提出问题。	锻炼学生的采访能力。
	操作难点解析： 　　渔民、建筑工人等的工作性质与天气息息相关，但是邀请他们来学校进行交流有一定的难度，可以尝试利用社区资源帮忙解决此问题。			

（续表）

环节	教学内容	教师组织和引导	学生活动	教学意图
拓展延伸，深入探究	课后作业：采访身边的老师、家长和朋友在台风天里发生的故事。	引导：结合今天你们的采访形式，去采访身边的老师、家长和朋友对台风的认识。	结合采访稿，丰富采访记录，并且课后创作一篇职业体验感悟的小作文。	培养学生的写作能力。
	操作难点解析：　　学生在课后采访的内容必须是有深度和有意义的，所以需要提前提出问题，形成一个访谈的模板。			
	课件下载		视频素材查看	

三、科学探究（建议 2 课时）

（一）本课主要内容

围绕项目任务做一个能够测量风速的工具。学生将在本课学习描述风速和风向，用自制的风向标和风速仪测量风速和风向，以达到台风预警监控作用。学生在兴趣、同理心和责任感同时具备的基础上，明确想要解决的问题和规划学习方向，通过实验等多种途径学习与台风现象相关的科学知识，并且培养相应的跨学科技能和素养。

（二）教学目标

1. 学生能够在情境导入和职业体验的基础上，激活已有的知识经验，根据盐田市受台风影响的情境探索想要解决的问题并规划学习方向。

2. 指导学生研究风速仪的原理以及构造，使学生增强跨学科科学探究素养，提高信息采集与分析、实验设计与检验、问题提出与解决的能力。

3. 学生养成良好的科学态度、科学精神和科学思维，将学校所学台风知识与生活中遇到的台风相联系，运用跨学科知识技能解决实际问题。

（三）教学实施的程序

环节	教学内容	教师组织和引导	学生活动	教学意图
创设情境，导入新知	提出问题：树叶在动，旗杆上的红旗飘了起来，动物的皮毛扬起，衣服的飘动，窗帘的起伏，风车的转动，水中的波纹荡漾，围巾、头发的飘动，尘土的飞扬……风看不见，摸不着，那我们有什么方法可以找到它呢？	引导：回忆一下，台风来时，天气预报会对台风情况做实时报道，比如风速的大小影响我们的出行活动安排。风速是台风一个非常重要的参数。	分组讨论，思考如何能够测量风速。	聚焦问题，引出任务。
	操作难点解析： 　　引导学生学会聚焦问题。			
自主学习，聚焦问题	台风登陆前有一定的预兆，如果能及时捕捉到台风来临的信息，提前做好台风预警工作，将降低损失和影响程度。所以我们要做一个测量风速的风速仪。	引导学生观察身边的事物，判断出风是有方向的：风出来的方向和物体飘动的方向相反。测定方向的工具为风向标。同时，风的大小可以用风速来描述，我们可以进行风速测量。	思考我们为什么要制作风速仪？	聚焦问题，了解任务。
	操作难点解析： 　　台风来临的信息有很多，但要引导学生抓住最符合实际、特征明显的预兆来制作工具进行预警，所以选择制作测量风速的风速仪。			
小组讨论，初步形成构造风速仪的想法	播放图片。观察普通的风速仪的运作原理和构造。	引导学生仔细观察风速仪的运作原理和构造。	思考风速仪的运作原理和构造包括什么。	了解风速仪基本的构造，掌握基础知识。

（续表）

环节	教学内容	教师组织和引导	学生活动	教学意图
小组讨论，初步形成构造风速仪的想法	小组讨论想做什么样的风速仪。	引导学生注意以下几点： 1. 需要确定风速仪摆放的位置。 2. 安装地点通常是户外，考虑风速仪材料的防水性以及防风性。 3. 台风来时风速较快，要考虑风速仪底座的重量，同时也需要兼顾艺术性。	小组进行讨论，确定设计方案。	培养学生严谨的科学态度及探究事物的科学方法。
	教师对制作过程进行指导。	引导学生在准备好方案和设计图后再开始准备材料制作。	根据以上问题，各小组讨论绘制设计图，并且选取合适的材料，开始制作。	培养学生的动手能力和工程思维能力。
	操作难点解析： 　　考虑制作风速仪的材料是否适合安装在户外，并且要从防风性出发，由于参考和值得注意的地方很多，这里可以借助评价量表。			
成果展示，分享评价	各小组到学校的迷你气象站进行展示汇报。	组织学生带上各组的风速仪进行测试并汇报。	各组学生分工合作，介绍本小组的风速仪。	锻炼学生的口头表达能力。
	根据评价量表对汇报进行教师评、他评和自评。	进行多种评价。	根据评价量表完善小组的风速仪。	倾听他人的分享，并做出合理的评价。
	作品测试后再进行优化和反思。	引导学生在课后思考如何对作品进行优化。	每人写一份在探究过程中以及测试后的反思。	训练学生总结反思的能力。
	操作难点解析： 　　评价量表需要符合本课的实际内容。			
课件下载			风级表 下载	

四、工程制作（建议 2 课时）

（一）本课主要内容

在本课中，学生在科学探究认识台风的基础上，根据实际生活场景，定义远程监测台风风速的需求，学习机械、电子编程、电子元器件等相关知识，分组合作，设计并制作智能风速仪。

（二）教学目标

1. 让学生正确使用电子模组 CocoMod（主控模块、教学模块、OLED 屏幕模块、转接模块 A2、Wi-Fi 通信模块）。

2. 让学生明白红外测速计数传感器的原理。

3. 让学生理解 CocoBlockly 可视化编程工具中程序设计的基本结构，掌握编程的方法和步骤。

4. 让学生积极发挥创意，完成智能风速仪的设计方案，并根据方案运用电子材料，编写程序，达到预期效果。

5. 让学生在制作过程中提高审美与艺术创造能力、创新实践能力、综合知识的运用能力、自主解决问题的能力，并增强团队合作意识。

（三）教学实施的程序

环节	教学内容	教师组织和引导	学生活动	教学意图
实际生活场景联想	台风天的时候，我们会接收气象局有关台风情况的实时报道，比如根据风速大小，决定我们的出行活动安排。我们知道气象局通过专业的精密型气象观测设备，如气象雷达、卫星云图等来测定风速。同学们已经制作的各种风速仪，能够简单地测量出风速吗？	提出问题：如何让同学们制作的风速仪能够测量出风速，并且能直观地读取数值呢？我们需要什么器件帮助实现效果呢？同学们需要掌握什么新能力才能做出这样的风速仪呢？	学生思考如何继续改进风速仪。	锻炼学生的工程思维，不断改进自己的作品。

（续表）

环节	教学内容	教师组织和引导	学生活动	教学意图
实际生活场景联想	引发思考：风本身看不见、摸不着，风速是如何监测的呢？	我们可以化无形为有形，比如风吹动风车转起来，风车转得快慢可以"反映或代表"风速的大小，这样我们测量风车转动的速度即可。	思考问题。	引出智能风速仪的原理。
	操作难点解析： 　　找出前面制作的风速仪的缺点和漏洞，引入信息技术对作品进行改造。			
风车转速测量方法讨论	介绍红外测速计数传感器（测速传感器和码盘）的结构和工作原理。	给学生示范红外测速计数传感器。	学生围绕"如何测量风车的转动速度"进行小组讨论和分享。	了解传感器的基本原理。
	学习电子模组 CocoMod 和可视化编程工具 CocoBlockly。	想要显示并记录风速，我们还需要学习电子模组和编程平台的使用。	学生学习组装电子模组。	了解电子模组和可视化编程工具。
	操作难点解析： 　　学生初次接触红外测速计数传感器，需要教师多次示范和讲解。			
小组讨论，设计制作	1. 测速传感器监测"风速"。 2. "风速值"传输至主控板。 3. "风速值"传输至 Wi-Fi 通信模块。 4. "风速值"传输至手机。	提出问题：实际生活场景中，风速仪放置在室外监测风速，台风天的时候，为安全起见，人们尽量避免外出，我们希望可以远程看到监测的"风速值"，比如可以直接在手机上查看数值，怎么实现呢？	学生讨论、交流智能风速仪的实现步骤。	明确制作步骤。

（续表）

环节	教学内容	教师组织和引导	学生活动	教学意图
小组讨论，设计制作	智能风速仪程序设计。	1. 主控模式下：获取码盘数值，并上传到Wi-Fi模块。 2. Wi-Fi模式下：从主控模块获取码盘数值，自建Wi-Fi热点和设置网页，并将码盘数值显示在网页上。 3. 程序上传、电子模组和传感器的组装。 4. 手机连接自建Wi-Fi，测试程序设计效果。	小组学习编程和模块。	通过安装组件，培养学生综合知识的运用能力，增强合作意识。
	教师对制作过程进行指导。	引导学生现场进行编程和测试。	根据教师教授的内容，学生当场进行操作。	培养学生的动手能力和工程思维能力。
	操作难点解析： 　　测速传感器、主控模块、手机自建Wi-Fi等均为学生第一次操作，需要多次反复练习。			
整合优化，组装测试	学生分组合作，基于已经做出的风速仪外观，自主选择材料（纸盒、卡纸、塑料瓶、3D打印外观等）制作并优化智能风速仪的外观结构。	引导学生根据评价量表对风速仪外观做出个性化优化。	各组同学分工合作制作。	培养学生艺术审美能力和材料选择能力。
	学生动手完成最终组装，测试效果，并根据测试结果进行相应调试。	引导学生在教室内组装好后，需要拿到户外进行测试。	学生到操场进行多次的测试与调试。	培养学生的跨学科技能与素养，即审美与艺术创造能力、创新实践能力、综合知识的运用能力、自主解决问题的能力。

（续表）

环节	教学内容	教师组织和引导	学生活动	教学意图
整合优化，组装测试	**操作难点解析:** 　　虽不限制学生设计的风速仪外观，但需要对学生做一定的引导。注意避免使用的材料和电子模块的损耗。			
	课件（1）下载		课件（2）下载	

五、汇报总结（建议 1 课时）

（一）本课主要内容

　　经过前部分的学习，学生基于生活发现问题，提出问题，最终接受了任务——制作一个能够测量风速的仪器，并且在设计和制作过程中对产品不断地进行优化和更新。这节课上，每个小组将自己做的风速仪带上舞台，对自己的学习过程和制作的作品围绕评价量表进行汇报总结。

（二）教学目标

　　1. 学生能够在户外正确使用自制的测量风速的仪器。

　　2. 学生能够在汇报过程中锻炼语言表达能力，增强团队合作意识。

　　3. 学生能够在整理资料时培养信息整合能力。

（三）教学实施的程序

环节	教学内容	教师组织和引导	学生活动	教学意图
回顾过程，准备展示	作为梅沙社区的小小居民，我们都想着为减少台风灾害做一份贡献。那么，今天就来检测同学们制作的风速监测仪。	同学们确定了任务之后，成立了各小组。每个小组根据老师的评价量表开始查找资料，还去了气象局体验了气象工作者的工作，对台风天气有了更深入的了解。老师看到同学们一张张的设计图以及在不断改进的风速监测仪，心里非常高兴。那么，今天就把你们风速监测仪器带出来进行实时监测，并向同学们汇报展示吧！	回顾课程，准备展示。	总结活动，导出本课任务。

（续表）

环节	教学内容	教师组织和引导	学生活动	教学意图
回顾过程，准备展示	**操作难点解析：** 　　本环节主要回顾学习过程，并为风速监测仪的展示做准备，让学生清晰流程。			
出示量表，学生汇报	出示终结性评价量表，学生围绕量表进行展示。	各组带着监测风速仪移步到学校天台气象站，进行实时的风速监测，并在操作中进行汇报。	在汇报过程中，学生带齐过程性记录资料，并在汇报过程中和产品一并进行展示。	锻炼学生的口头表达能力。
	操作难点解析： 　　在户外教学要考虑到器材状况和天气因素。			
多种评价，完成量表	小组汇报后，教师鼓励其他小组提出问题并进行评价，汇报小组对问题给予解答。以教师评价、小组互评、组员自评等多种评价方式完成此环节。	如果没有人提问，教师可以用以下问题引导学生对汇报小组进行提问："我们还能在这个风速仪器上添加其他功能吗？""这个小组的作品与其他小组的不同之处在哪里？""风向标在测量风向时是否有局限性？""为什么？"	对其他小组进行评价和提问。	学生养成耐心倾听的习惯，学会提出合理建议。
	操作难点解析： 　　学生要在聆听中学会归纳问题、提出问题。			
总结反思，拓展延伸	全部小组完成汇报反思后，教师组织学生讨论。	回顾项目式学习的学习过程，总结学生在过程中的收获与反思。	请各组在完成终结性评价量表后，对每个小组的分数进行统计，并选出前三名"防台风小能手"小组，课后继续完善产品。	培养学生的反思能力。

（续表）

环节	教学内容	教师组织和引导	学生活动	教学意图
总结反思，拓展延伸	**操作难点解析：** 　　根据评价量表进行评选，教师要和学生强调，评价并不是单方面的，而是多方面综合评价。			
	视频下载		评价量表下载	

六、评价反思

（一）善用项目式的特征

项目式学习要求真实，开展项目式学习课堂首先需要选择贴近学生生活、符合生活情境的内容。梅沙未来学校地处梅沙湾畔，学生们常年居住在海边，所以台风天气与他们的生活息息相关，一点都不陌生。因为是他们熟悉的内容，所以他们对探究台风项目都非常感兴趣，能够激发学习积极性。项目式学习不是让学生简单地学习知识，而是让学生学会获取知识的途径；不是单纯地做实验，而是用知识解决生活中的问题；不是单纯的手工课，而是像科学家一样思考，像工程师一样解决问题。所以，我们在选择课程内容的时候也要关注是否能够符合以上的目标。

（二）善用评价量表

此课程建议课时是 8 课时，但是最终还是超出了预期的计划，使用了 10 课时。因为项目式学习不是课程大纲上的内容，到目前为止，对学生此方面的考核内容少之又少。在布置任务之后，学生需要分组去查找资料和完善资料，并且需要每位同学完成此项任务。但有多半学生到了第 2 节课甚至是第 3 节课都没有去查找资料，这就会影响接下来的小组讨论环节。并且在制作环节中，学生需要自己上网或者通过别的渠道去购买材料，也有部分小组并不能按时将材料带到课堂，这就会影响上课的进度。我们就想到了，需要将过程性评价量表使用起来。所以我们在每一个环节都设计了过程性评价量表，让同学们做完这一步之后，对自己小组进行评价，再继续下一个环节。这样不仅使他们对流程的认知更清晰，而且评价量表的奖励机制也能提高他们的学习积极性。

（三）善用团队资源

项目式学习具有很明显的跨学科性，所以一个项目里需要有不同学科的老师加入。在本次项目中，我们团队里有科学老师曾莉莉，数学老师蔡启辉、陈婷婷，美术老师陈慧贞，语文老师李浚杰。所以当学生有哪方面的学科知识不清楚的时候，就可以去寻找那个学科的老师。同时，每个老师都需要积极提升自己的跨学科能力，不断参加关于项目式学习的培训。

附：活动图片展示

讲授基本的天气知识

学生分组讨论方案

学生在校园气象站进行测试

学生进行编程操作

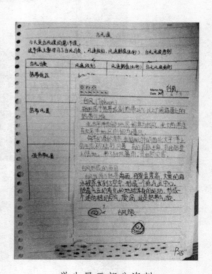

学生展示部分资料

第二节　《海底两万里》深度探究
——以探究"鹦鹉螺"号为例 *

课程背景与目标

当今世界，科学发现与技术创新的不断涌现，改变了人们生产和生活方式，促进了社会的进步。科学技术的快速发展对公民的科学素养提出了新的要求，而早期的科学教育对一个人的科学素养的形成具有不可替代的作用。本课程依据 2017 版《义务教育小学科学课程标准》，基于小学生年龄特点和认知规律，同时基于学校"海洋生态教育"课程体系，选定以探索"鹦鹉螺"号潜水艇为主题，采用 STEM 学习方式，培养学生观察、比较、分析的能力，让学生可以运用科学知识和科学技能去理解身边的科学现象并解决一些实际问题。

本课程通过引领学生认识名著《海底两万里》中的"鹦鹉螺"号来探究潜水艇的工作原理和功能，结合团队合作和项目探究的方式，让学生运用学科相关知识自主地学习，不断加深对潜水艇的认识，在不同学科背景教师的引领下，学生综合运用多学科知识解决问题，提高综合实践能力。

课程领域

科学、语文、音乐、美术

建议年级

四年级

建议课时

11 课时

---

* 本文由深圳市盐田区海涛小学提供，彭秀清、梁辉、郑咏、黄琳静、王涵玥共同执笔。项目组主要成员有彭秀清、梁辉、郑咏、黄琳静、王涵玥、胡辉云、徐颖娟、周力、郑洁琼、陈美凤、朱婵、杨绮红、陈泳红等。

教学过程

一、情境导入（建议 1 课时）

（一）本课主要内容

本课学习的主要内容是让学生阅读《海底两万里》的第九章和第十章，了解"鹦鹉螺"号的浮沉原理；鼓励学生发挥丰富的想象力，以科幻画的形式画一画未来的潜水艇是什么样子。课程主要分为两个部分：一是教师课前布置作业，让学生阅读《海底两万里》，了解故事的主要内容；教师课堂上主要讲述《海底两万里》的第九章和第十章，引导学生探讨《海底两万里》科幻故事中尼摩船长的探险工具——"鹦鹉螺"号及"鹦鹉螺"号的浮沉原理。二是以探索海底为导入，引导学生发挥想象，以科幻画的形式画一画未来的潜水艇是什么样子。学生通过独立思考，创作一幅关于未来潜水艇的科幻画。

（二）教学目标

1. 通过阅读读本，提高自主阅读能力。

2. 围绕科幻故事中尼摩船长的探险工具——"鹦鹉螺"号展开讨论，锻炼语言组织能力。

3. 通过独立创作科幻画，充分发挥想象力，收获思考的快乐。

（三）教学实施的程序

环节	教学内容	教师组织和引导	学生活动	教学意图
课前准备	课前作业：阅读《海底两万里》。	向学生简单介绍《海底两万里》一书主要内容，引导学生课前自主阅读。	阅读《海底两万里》。	通过课前阅读，了解《海底两万里》所讲述的科幻故事，激发学生学习本节课的兴趣。
探讨故事中的"鹦鹉螺"号	导入新课。	抛出问题，引发学生的思考，引导：同学们，你们去过海底吗？海底有什么呢？你们知道哪些与海洋相关的自然现象？	根据自己的了解进行口头表达。	让学生带着问题进入本节课，产生探索海底的兴趣。

（续表）

环节	教学内容	教师组织和引导	学生活动	教学意图
探讨故事中的"鹦鹉螺"号	提出问题：《海底两万里》科幻故事中尼摩船长的探险工具是如何工作的？	抛出问题，引发学生的思考。比如，《海底两万里》科幻故事中尼摩船长的探险工具是如何工作的？	阅读《海底两万里》第九章和第十章，思考讨论，提出问题。	提问引发学生思考，并引发学生自主学习的意识。
	记录：查找书籍，记录描述"鹦鹉螺"号浮沉原理的内容。	抛出问题：科幻故事对实际生活有什么指导意义？现代潜水艇是如何工作的？	结合课堂所产生的疑问和自身兴趣，查找现代潜水艇相关资料。	锻炼学生语言组织和总结的能力、信息收集能力。
	操作难点解析： 　　学生对潜水艇不太熟悉，可能有个别学生还没什么想法。小组讨论可以缓解学生的紧张感，同时激发其对潜水艇的思考。			
科幻画：未来的潜水艇	导入新课。	引导：未来，当你要去海底冒险，你会选择什么样的工具呢？	发挥自己对未来海底探险工具的想象，并描述出来。	激发学生的想象力和创作力。
	绘画。	请发挥想象，画一画可以带你去海底探险的工具。教师根据学生人数分发绘画需要的纸。	发挥想象，画一画未来海底探险的工具。	激发学生的想象力和创作力。
	操作难点解析： 　　在构思绘画的过程中，教师适当引导学生从外观、功能、动力、内部构造等方面进行构思，拓宽学生思路。			

二、职业体验（建议2课时）

（一）本课主要内容

本课学习的主要内容是让学生通过设计情景剧并演绎的形式，深入了解"鹦鹉螺"号的内部构造和浮沉原理。

课程主要分为两个部分：一是让学生分享《海底两万里》第九章和第十章的主要内容，然后根据《海底两万里》第九章和第十章的内容，设计一段情景剧。设计的剧情应完整，包括事件发生的起因、经过、结果，还要交代清楚剧情涉及的人物角色及职业，故事发生的地点。二是让学生分角色扮演，小组合作，演绎此情景剧。

（二）教学目标

1. 让学生根据书本中的片段，编写剧情完整的情景剧，锻炼语言组织能力和概括能力。

2. 让学生积极参与小组合作演绎情景剧，通过角色扮演对船长和科学家这一职业有所认识。

3. 深入培养学生合作解决问题的能力和发展创新精神。

（三）教学实施的程序

环节	教学内容	教师组织和引导	学生活动	教学意图
设计剧本	学生通过课前阅读《海底两万里》第九章和第十章的内容，分组分享第九章和第十章主要讲述的内容。	引导：同学们，《海底两万里》第九章和第十章主要讲述了什么故事呢？	积极分享《海底两万里》第九章和第十章所发生的故事。	让学生回忆阅读过的部分内容，产生对剧本编写的兴趣。
	提出问题：设计剧情时要考虑哪些问题呢？你打算扮演哪个角色呢？	抛出问题，引发学生思考：一个完整的故事剧情包含哪些要素？	思考讨论，提出问题。	通过提问引导学生注意编写故事的完整性。
	编写剧本：根据《海底两万里》第九章和第十章的内容编写剧本。	巡视，必要时给予指导。	编写剧本。	锻炼学生的语言组织能力和概括能力。
	操作难点解析： 　　学生阅读了《海底两万里》第九章和第十章，必定会有感兴趣的角色，但在语言组织上部分学生可能表达比较欠缺，塑造的人物形象不够丰满，教师可剖析故事中人物性格特点，便于学生理解。			
合作演绎情景剧	根据设计的剧本，和小组合作演绎出来。	观看学生演绎情景剧。	根据自己选择的角色，配合小组，完整演绎情景剧。	通过情景演绎深入感受"鹦鹉螺"号的先进之处，同时培养学生合作解决问题的能力。
	操作难点解析： 　　性格内向的学生在表演过程中会比较怯场，教师应及时给予鼓励。			

三、科学探究（建议 1 课时）

（一）本课主要内容

本课学习的主要内容是学生通过收集资料，从外形、动力、速度、潜水深度以及功能五个方面探究"鹦鹉螺"号和现代潜水艇的区别。

课程主要分为两个部分：一是收集现代潜水艇的资料，了解现代潜水艇的外观设计、动力、行进速度、最大潜水深度等。二是通过"鹦鹉螺"号和现代潜水艇的对比，感受科幻故事对现实的指导意义。

（二）教学目标

1. 学生通过网络收集现代潜水艇的资料，培养自主学习的能力。

2. 学生在探究"鹦鹉螺"号和现代潜水艇区别的过程中，培养严谨的科学态度及探究事物的科学方法。

（三）教学实施的程序

环节	教学内容	教师组织和引导	学生活动	教学意图
收集资料	引导学生课前自主收集现代潜水艇的资料。	教师给予收集途径指导，如查阅图书、上网搜索。	学生收集资料。	培养学生自主探究的能力。
	操作难点解析： 学生收集资料的能力有限，教师应给予收集途径指导。			
对比"鹦鹉螺"号和现代潜水艇	阅读《海底两万里》，从外形、动力、速度、潜水深度以及功能五个方面列举"鹦鹉螺"号的特点。	引导学生提炼关键信息，从五个方面列举"鹦鹉螺"号的特点。	从书中提炼关键信息，从五个方面列举"鹦鹉螺"号的特点。	培养学生信息提炼能力。
	总结探究。	总结探究，引导学生分析外形、动力、速度、潜水深度以及功能的不同。	参与学习，做笔记，提出质疑。	培养学生严谨的科学态度及探究事物的科学方法。
	总结。	教师小结、补充。	师生共同得出结论。	

四、工程制作（建议 1 课时）

（一）本课主要内容

本课的主要内容是通过收集资料、头脑风暴等方法设计一款潜水艇并制作出来。本课就围绕如何使潜水艇实现上浮下沉这一问题而展开，通过设计潜水艇培养学生的创新能力和解决问题的能力。

（二）教学目标

1. 学生能够运用科学、数学和美术知识来完成潜水艇的设计制作，增强学生的综合知识运用能力、自主解决问题的能力。

2. 学生能够积极发挥创意，完成潜水艇的设计方案。

3. 根据方案，结合教师的现场指导，动手制作出实现上浮下沉的潜水艇，锻炼学生的动手能力、解决问题的能力，提高审美与艺术创造的能力以及创新实践的能力。

（三）教学实施的程序

环节	教学内容	教师组织和引导	学生活动	教学意图
查阅资料	查阅资料，详细了解潜水艇浮沉的原理。收集制作需要的材料和工具。	请同学们思考潜水艇是如何实现上浮和下沉功能的。查找并阅读资料，找到问题的答案吧！	查阅资料，能用所学的科学知识解释潜水艇浮沉的原理。	了解潜水艇浮沉的原理。
头脑风暴	运用头脑风暴，构思潜水艇结构、外形、功能。	引导学生了解潜水艇的外形和功能是什么样的，通过头脑风暴这一环节，记录每位组员的观点。	小组合作，头脑风暴，及时发表关于潜水艇结构、外形、功能的各种想法，并记录下来。	发散学生思维，激发学生的创造力。
设计模型	绘制潜水艇的最终效果图，并在效果图旁描述潜水艇的主要功能。	引导学生根据确定下来的设计方案绘制出潜水艇的效果图。	绘制潜水艇的最终效果图。	整理呈现构思方案。

（续表）

环节	教学内容	教师组织和引导	学生活动	教学意图
制作模型	根据设计图，使用收集的材料和工具制作潜水艇。	巡视，提醒学生注意安全，必要时给予指导。	制作潜水艇，并不断测试，直到成功实现上浮和下沉。	增强学生的动手操作能力、创新思维能力以及探究精神和合作能力。
汇报展示	小组选出一位代表，发表以下内容： 1.分享小组制作的潜水艇是如何设计的，拥有哪些功能。 2.简述潜水艇从设计到制作完成的整个过程。 3.本堂课的收获及印象最深刻的环节。	聆听学生的发言，及时给予鼓励。	认真聆听小组代表的发言，必要时给予补充。	鼓励学生自信表达，培养学生良好的沟通表达能力。

操作难点解析：
　　设计模型时有些学生可能没有太多想法，教师可通过提问方式逐步引导学生打开思维。

五、汇报展示（建议 4 课时）

语 文 部 分

（一）本课主要内容

本课学习的主要内容是让学生阅读科幻小说《海底两万里》，办手抄报，画思维导图，写读后感，创作诗歌等。

（二）教学目标

1. 学生能读懂科幻小说，了解主要内容。

2. 学生能从小说中找到问题，提出问题，进而合作探究问题。

3. 学生能够体会人物的特点，并对"鹦鹉螺"号潜水艇产生浓厚的兴趣。

（三）教学实施的程序

环节	教学内容	教师组织和引导	学生活动	教学意图
课前准备	课前作业：阅读《海底两万里》。	向学生简单介绍《海底两万里》一书的主要内容，激发学生的阅读兴趣。	阅读《海底两万里》一书，梳理主要内容。	通过课前阅读了解《海底两万里》所讲述的科幻故事，激发学生阅读兴趣。
探讨故事中的"鹦鹉螺"号	导入新课。	简单介绍近一个月阅读《海底两万里》的收获及开展的系列活动。	根据自己的了解分享。	了解学生对《海底两万里》的阅读收获。
	分享思维导图。	从主要内容、创作背景、人物关系、航海线路等方面介绍思维导图。	学生介绍思维导图中的主要内容、创作背景、人物关系、航海线路等。	帮助学生厘清小说的主要内容。
	分享精彩片段。	摘录最喜欢的片段并朗读出来。	学生朗读最喜欢的片段。	提高学生的文学鉴赏能力。
	分享读后感。	什么是读后感？可以是对人物的评价，可以是对事件的评价，还可以是对文字的评价。	学生分享读后感。	加深对文本的理解。
	分享诗歌创作。	读了小说，把最让自己难忘的情节、人物，创作成诗歌。	学生朗读自己创作的诗歌。	把主要内容、阅读体验，转化成诗的语言来进行交流阅读心得。
操作难点解析： 　　学生对思维导图、读后感、诗歌创作有一定的畏难情绪，前期需要有教师引导；学生需要结合自己的阅读心得练习、交流，产生灵感，反复尝试。				

音 乐 部 分

（一）本课主要内容

本课学习的主要内容是让学生阅读《海底两万里》，结合音乐课程中创编旋律的学习内容，与语文小组展开合作，创编歌曲。

（二）教学目标

1. 让学生学习、总结旋律创作的基本知识。

2. 学生能够将音乐课中学到的音乐创作知识与诗词创作结合起来。

3. 让学生了解、体验创作歌曲的过程。

（三）教学实施的程序

环节	教学内容	教师组织和引导	学生活动	教学意图
课前准备	课前作业：阅读《海底两万里》。	向学生简单介绍《海底两万里》一书主要内容，引导学生课前自主阅读。	阅读《海底两万里》一书，学习有关旋律、节奏的知识。	通过课前阅读了解《海底两万里》所讲述的科幻故事，激发学生创作的兴趣。
探讨故事中的"鹦鹉螺"号	导入新课。	简介歌曲创作过程，抛出问题，引发学生的思考。	分享自己了解的部分。	让学生带着问题学习歌曲创作的基本要素。
	提出问题：歌曲创作涉及哪几个方面的内容？	通过研究校歌和名家作品，抛出问题，引发学生的思考，比如：歌曲创作涉及哪几个方面的内容？	阅读语文小组创作的诗歌，学习名家作品思考问题、提出问题。	提问引发学生思考，并引发学生自主学习的意识。
	研究问题：歌词的内容如何调整，用怎样的节奏组合音符，以及能否查找相关软件制作等。	问题：歌词的内容如何调整？用怎样的节奏组合音符？能否查找相关软件制作 midi？	反复修改、创作、试唱。	锻炼学生的创作能力。
	操作难点解析：　学生对歌曲创作有一定的畏难心理，前期需要从他们已有的歌曲学习经验入手，结合相关的节奏、旋律进行创作练习，反复歌唱并分析类似的音乐作品，产生灵感，反复尝试。			

科 学 部 分

环节	教学内容	教师组织和引导	学生活动	教学意图
验证沉浮原理	制作浮潜子验证潜水艇沉浮原理。	请同学们思考：潜水艇是如何实现上浮和下沉功能的呢？查找并阅读资料，找到问题的答案吧！	所需材料：大矿泉水瓶（模拟海洋）、小塑料瓶（模拟潜水艇）。步骤如下： 1. 把小塑料瓶放进大矿泉水瓶中，这时小塑料瓶浮在水面上。 2. 挤压大矿泉水瓶身，水从小塑料瓶底部的吸管压进，这时小塑料瓶随着重量的增加而缓缓下沉（重量大于浮力，物体下沉）。 3. 松开手，水从小塑料瓶底部的吸管流出，这时小塑料瓶随着重量的减轻而缓缓上升（重力小于浮力，物体上浮）。	了解潜水艇浮沉的原理。
制作潜望镜	潜水艇可以依靠潜望镜观察海平面和空中情况。	引导学生了解潜望镜原理。 潜望镜原理：利用平面镜成像，两个平面镜两次反射的原理。	所需材料：纸板、尺子、胶水等。学生小组合作完成。	了解潜望镜原理。
制作空气质量检测仪	制作可以检测潜水艇内密闭空气质量的检测仪。	引导学生了解制作空气检测仪的原理。	所需材料：主板、LED 屏、气体模块等传感器，电源、木板、剪刀、尺子等工具。学生小组合作完成。	了解空气检测仪原理。

美 术 部 分

环节	教学内容	教师组织和引导	学生活动	教学意图
课前准备	课前作业：阅读《海底两万里》。	向学生简单介绍《海底两万里》一书主要内容，引导学生课前自主阅读。	阅读《海底两万里》一书，学习有关"鹦鹉螺"号外形与结构的相关知识。	通过课前阅读了解《海底两万里》所讲述的科幻故事，激发学生创作的兴趣。
探讨故事中的"鹦鹉螺"号	导入新课。	简介"鹦鹉螺"号原型，抛出问题：未来潜水艇会是什么样子的？引发学生的思考。	分享自己了解的部分。	让学生带着问题学习并想象创作的基本要素。
	提出问题：未来的海底交通工具是什么样的？	未来，如果你去海底冒险，你会选择什么样的工具呢？抛出问题，引发学生的思考。	探索"鹦鹉螺"号原型，思考问题、提出问题。	提问引发学生思考，并引发学生自主学习的意识。
	研究问题：未来的潜水艇是什么样子的？	问题：你将如何构思未来潜水艇的外观、功能、动力、内部构造等？	构思，起稿，画外形，添加结构与装饰，上色。	激发学生想象、创作能力。
	操作难点解析： 　　学生对未来潜水艇的想象比较拘束，需要通过大量的科幻知识和图片做铺垫；在绘画构思的过程中，教师适当引导学生从外观、功能、动力、内部构造等方面进行构思，拓展学生思路。			

附：汇报展示内容下载：

课件下载	

六、评价反思（建议 2 课时）

与常规的课堂教学不同，STEM 学习时，同学们由坐在教室里听老师上课，变为小组合作解决问题，激发了学生自身的潜力。学习成果呈现方式丰富多彩。同学们通过阅读交流、绘画、音乐创作、科学探究等方式展示学习成果，表现出了浓厚的兴趣和热情，同时他们的表达能力、动手实践能力、写作能力等得到了提升。教师们也因教学方式的转变探索出了新的教学方法，变得更加专业化。

在 STEM 学习中所涉及的实际问题，往往会把学生引向相关课程内容或相关技能的学习。学生能从这种与实际问题关系紧密的学习中体会到，认识或观点是如何从日常的观察或实验中得出来的。例如，制作潜水艇模型时，学生不知如何实现潜水艇的上浮和下沉，就会向科学老师请教浮力的知识和结构的知识。

（一）STEM 学习需要教师设计有效的项目式学习评价

项目式学习评价贯穿于项目式学习的整个过程中，教师要运用各种形式的评价策略来评价学生在项目式学习活动中的表现，进而促进学生学习。比如在项目开始阶段可以采用头脑风暴、问卷调查的形式来评价学生的需求；在项目进行中可以使用日志等了解学生的学习进度，也可以通过小组会议集中总结前面的学习、对小组项目式学习中遇到的问题进行解答和指导；在项目结束时，鼓励学生进行分享展示自己的学习成果，客观评价自己的学习情况。

（二）注重学生学习支撑材料的提供

STEM 学习倡导以解决生活实际问题为出发点，教师在指导过程中需要经常问自己：真实世界的问题是什么？在活动设计过程中以学生为中心，给予学生充分的自主探索时间，按照设计的路径探索到目标知识。在 STEM 学习中注重学生学习支撑材料的提供，如阅读材料，一些过程性评价表格、终结性评价表格等详细的支撑材料。

此外在 STEM 学习过程中，教师还要根据项目实际指导学生要做好小组分工，在学习过程中首先教师自己需要及时做好资料整理，也要教会学生对资源和文件的管理，引导学生学会与他人合作学习。

附录：活动图片展示

浮潜子图片

演示完成的潜望镜

制作空气质量检测仪

第三节　《诗经》植物的培育和保护
——以种植大头菜和萝卜为例 *

课程背景与目标

　　大头菜、萝卜在中国的种植历史至少有三千年，在《诗经》中也频繁出现。关于这两种植物，古人除了种植、食用外，还赋予其深厚的历史文化内涵。当今时代，我们还是少不了种植、食用大头菜及萝卜。但是由于种植技术发生了改变，种植方法、食用方法以及蔬菜本身的品质都发生了很大的变化。所以，我们不仅要继承文化，还要不断探究种植方法。

　　本课程旨在通过分组、团队合作、项目探究等方式，让学生利用现代科学的种植技术及种植管理方法，探究大头菜和萝卜的种植技术及生长管理方式，并通过各种方式进行呈现与展示，培养学生的动手能力及团队协作能力。

课程领域

　　工程、科学、数学、语文、技术、植物学

建议年级

　　五年级

建议课时

　　10 课时

教学过程

一、情境导入（建议 1 课时）

（一）本课主要内容

　　学生通过分组、团队合作、项目探究等方式，探究大头菜、萝卜的《诗经》文化，根据其种植技术制定种植流程图，并以各种形式进行呈现与展示。

---

　　* 本案例由深圳市盐田区盐港小学提供，由项目组成员乾程、郭林丹、陈琳、王向阳、曾彩霞、马洪生、唐新光、许思婷、刘爱琦、陆春美共同执笔。

同时，通过学生的一系列自主学习，不断加深对《诗经》的认识。

（二）教学目标

1. 通过查阅《诗经》中"葑""菲"的出处和文化内涵，使学生对"葑""菲"的《诗经》文化有更深入的认识。

2. 培养大胆创新能力。学生分组制定种植流程图，探究自己的种植方法。

3. 通过互联网、班级讨论等多种方式和渠道，让学生围绕大头菜、萝卜种植的主题，收集和整合相关信息，提升整合信息的能力。

4. 通过独立思考和团队协作，让学生收获思考的快乐，体验团队的力量，培养团队精神和合作意识。

5. 激发学生对祖国传统文化的兴趣，培养学生的文化自信。

（三）教学实施的程序

环节	教学内容	教师组织和引导	学生活动	教学意图
展示视频，图片，揭示课题	1. 给学生播放"葑""菲"两种植物的图片，介绍其在《诗经》中的出处及文化内涵。 2. 学生分享关于"葑""菲"的相关信息。	1. 同学们，你们知道这是什么植物吗?（出示大头菜和萝卜的图片） 2. 它们在《诗经》中的名字叫什么呢?（出示"葑""菲"二字）。 3. 那你们知道平时吃的大头菜、萝卜是植物的哪个部位吗?（是根、茎，还是叶?） 4. 对于"葑""菲"你们的了解有多少? 带着你们昨天查找的资料来分享一下吧! 5. 请小组长带领组员完成"葑""菲"的资料综合表。	1. 学生回答教师的问题。 2. 学习关于"葑""菲"的诗文。 3. 学生以个人或小组形式上台分享。 4. 小组合作，完成"葑""菲"资料综合表。	1. 认识"葑""菲"的《诗经》文化。 2. 培养学生的表达能力。 3. 培养学生筛选重组资料的能力。

（续表）

环节	教学内容	教师组织和引导	学生活动	教学意图
农艺师介绍大头菜与萝卜的相关种植知识。	邀请农业专家与学生分享无土种植的相关知识，鼓励各探究小组根据自己的研究问题进行自由提问。	1. 教师组织农艺师分享种植相关知识并出示视频、图片。 2. 教师引导学生提问，了解学生的收获。	1. 认真倾听并做笔记，将重点知识记录下来。 2. 分享个人所得。	1. 使学生获取更专业的知识。 2. 培养学生捕捉信息的能力。 3. 培养学生的表达能力。
	操作难点解析： 　　制定种植流程图是难点。教师要做好指导工作。			
组织研讨，整合信息	让学生以小组为单位进行信息的分析和整合，完成种植流程图设计，并绘图加文字说明。	以小组为单位设计有特色的种植方案并完成种植流程图的设计。	结合参观内容和个人的感受，小组内合作尝试完成种植流程图的设计方案。	完成种植流程图的设计，能清晰地画出设备设施的图样。
教学图片				

二、职业体验（建议 1 课时）

（一）本课主要内容

参观农业植物园，了解基质土和设计种植箱。

（二）教学目标

1. 通过参观农业植物园，了解基质土及适合大头菜、萝卜生长的土壤。

2. 在专业农艺师的引导下设计种植箱，提高学生的动手实践能力，体验工匠精神；充分激发学生的创新力和想象力，对基质培展开进一步探究。

3. 让学生体验劳动的艰辛，树立尊重别人劳动成果的意识，体会劳动创造幸福生活的内涵。

4. 培养学生跨学科整合的能力，如数学计算、工程学、材料学、农学等。

（三）教学实施的程序

环节	教学内容	教师组织和引导	学生活动	教学意图
经验回顾，引入主题	1. 参观农业植物园。 2. 分享基质土的相关知识。 3. 实践区分不同的基质土。	1. 先参观农业植物园里的植物，重点观察各种土壤并记录其特点。 2. 以小组为单位分享基质土的特点。 3. 实践区分不同的基质土，并寻找适合大头菜与萝卜生长的基质土。	1. 参观农业植物园并记录不同土壤的特点。 2. 小组派代表上台分享。 3. 区分土壤并选择合适的土壤。	培养学生观察记录、整理分析的能力，并探究可行的基质土。
设计种植箱	根据大头菜和萝卜的生长特点设计种植箱，并画出草图。	教师指导学生画图，并提醒学生注意画图的细节。	1. 了解大头菜与萝卜的植物生长空间等特点。 2. 绘制种植箱草图。	培养学生的综合能力、制图能力和审美能力。
工匠要求，完善方案	组织学生进行方案的完善。	引导：方案如何完善，关键点是什么？	各组分析整合其他组同学的建议，对方案进行补充完善。	完善基质培项目种植流程规划。
拓展延伸，丰富创作	学生动手实践。	设计过程中需要注意之处。	给自己家阳台设计一个种植箱，并在同学间进行分享。	各组设计出完整方案。
教学图片				

三、工程制作（建议 7 课时）

种植箱的制作

（一）本课主要内容

了解植物的生长空间，即植株生长的空间和根系生长的空间。并根据植物的生长空间来制作种植箱。

（二）教学目标

1. 学生能够依据大头菜、萝卜的生长特性，运用数学知识来完成对种植箱的测量与计算。

2. 学生能够积极发挥创意，完成种植箱的设计方案，并根据方案，结合教师的现场指导与视频学习，动手制作出改进型的种植箱。

3. 通过互联网、集体讨论，室外种植需要考虑材料的安全性、耐腐蚀性（使用寿命），培养学生的综合思考能力，促使学生全面掌握学习到的知识。

4. 学生在制作过程中，提高了创新实践能力、综合知识的运用能力、自主解决问题的能力，并增强团队合作的意识。

（三）教学实施的程序

环节	教学内容	教师组织和引导	学生活动	教学意图
讲授要点	教师讲授测量与比例计算的要点。	教师示范安全要求。	学生对设计数据独立完成复核与计算。	培养学生设计图纸与实际组装的能力。
现场演示	1. 检查准备的材料。 2. 教师现场演示、教授制作方法，学生现场观摩、学习。 3. 演示制作种植箱的全过程。	演示制作工艺。	学生在观摩的过程中同时进行小组讨论。	初步讨论出组装方案。
动手操作	制作种植箱，完成种植箱的设计、组装。	按照小组设计数据制作种植箱等设备。 1. 外观制作：根据设计方案，选取合适材料，用纸板制作模型。 2. 原型测试：多次测试原型结果是否符合设计方案，进行修改优化。	1. 按照比例裁剪好所需材料，对照数据进行核对。 2. 进行种植箱的组装和制作。 3. 对种植箱的牢固性等进行检测。	1. 培养学生的动手能力。 2. 培养学生小组合作分工与沟通能力。 3. 培养跨学科技能与素养：审美与艺术创造能力、创新实践能力、综合知识的运用能力、自主解决问题的能力。
操作难点解析： 　　使用电动工具、美工刀和其他工具时，要特别注意安全，最好戴手套，教师要适时协助，及时纠正不安全行为。				

环节	教学内容	教师组织和引导	学生活动	教学意图
分享	分享制作过程。	组织学生有条理地进行分享。	1.学生回顾、记录制作心得、体会。 2.学生分享自己在制作过程中遇到的问题，提出问题并及时解决。	回顾整个过程，进行交流反思，在反思中进步。
教学图片				

配制基质土、育苗

（一）本课主要内容

1.了解基质土的特性并学会配制基质土。

2.在教师的指导下，学会播种与育苗。

（二）教学目标

1.指导学生熟悉了解基质成分、各自属性并引导学生熟练配置基质土。

2.指导学生进行播种、覆土及穴盘装土，学生学会利用 LED 人工光种植设备育苗。

3.在播种育苗过程中，提高学生的劳动技能，培养其数学素养、科学素养、生活素养。

（三）教学实施的程序

环节	教学内容	教师组织和引导	学生活动	教学意图
创设情境，引入新知	教师展示农业合理密植的图片，引导学生思考种植密度和播种数量问题。	教师提问：图片中的植物在种植上有什么特点？图中有几棵植物？如果是你，你会如何排列这些植物？	小组讨论，思考种植密度和播种数量、排列问题。	引入本课内容。

（续表）

环节	教学内容	教师组织和引导	学生活动	教学意图
测量与计算	计算各种材料数量：育苗用量、种植箱用量、种子用量。	1. 教师准备材料，把所需要的各种材料放置到开阔平整的水泥地上。 2. 教师讲授配置的方法。	1.（1）根据各品种的株行距、种植面积，计算苗子数量；（2）各排按照1—2—1—2—1—2 的数量放播种子，准确算出每盘的播种量；（3）测出种子的千粒重（每一千粒种子的重量），根据播种量计算出种子的总重量，并用电子天平准确称取。 2. 用大的塑料桶泡发椰砖，珍珠岩湿水。（1）计算椰砖体积，测量泡发后的体积，称取椰砖重量，泡发后的总重量；（2）将所得数据进行列表统计。	认识相关植物。学生通过自己种植，观察植物的生长过程，研究种植技术。
	注意要点： 　　测量行距和种植密度，计算播种数量，称取种子重量，指导学生完成测量与计算。			
基质土配置	配置基质土、播种、育苗。	教师示范基质土配置过程，教师播放播种育苗视频，示范 72 孔穴盘育苗：穴盘装基质土→压孔→播种→覆土→浇水。	学生观看视频并观察播种育苗，配置基质土、播种、覆土。	学生学会配置基质土，锻炼动手能力。
	注意要点： 　　基质土：装土要盘面平整；压孔：压孔深度不能超过 0.5 厘米，不能少于 0.3 厘米；播种：各排按照 1—2—1—2—1—2 的数量放播种子，不能多放，保证每穴都有规定数量的种子；覆土：覆土要平整，每穴都覆盖到；浇水：浇水要轻，必须均匀、浇透。			

（续表）

环节	教学内容	教师组织和引导	学生活动	教学意图
检查设备	了解 LED 设备。	教师介绍 LED 设备的作用和操作，带领学生检查各项设备是否正常。	学生了解育苗设备，检查设备是否正常。	了解 LED 设备，培养学生严谨的科学态度。
	注意要点：　　检查设备灯光、水循环是否正常运行；待穴盘的水不再下滴，放置到 LED 人工光育苗设备里面；参数设置：每天开灯 16 小时，一般 2—3 天出苗，出苗开灯。			
教学图片				

滴灌系统的制作安装

（一）本课主要内容

任何蔬菜的种植都离不开灌溉。滴灌是一种最节水的灌溉技术，利用它可以实现水肥一体化，可以实现自动控制。掌握滴灌的工作原理，熟悉安装过程，了解各个配件性能，探究其中奥秘。

（二）教学目标

1. 了解滴灌系统知识并能制作和安装滴灌系统。

2. 学生能够运用数学知识来完成对原有各个管道、配件的测量与计算。

3. 学生认识并理解水流控制系统。

4. 学生在安装过程中增强了综合知识的运用能力、自主解决问题的能力，并增强了团队合作的意识。

（三）教学实施的程序

环节	教学内容	教师组织和引导	学生活动	教学意图
创设情境，引入新知	了解水对植物生长的重要性。	1. 教师展示植物缺水的生长情况图片。 2. 教师提问：在植物生长过程中要及时浇水，定时施肥。如何保障我们不上课以及放假的时候，这些植物能够浇到水呢？	小组讨论如何解决植物长时间无人浇灌的问题。	引入本课内容。
了解滴灌系统	了解滴灌系统。	通过图片介绍滴灌系统的相关知识。	小组合作设计简易、有特色的滴灌系统并制图。	了解滴灌系统的结构，设计简易实用的滴灌系统。
	注意要点： 滴灌系统的各配件的功能作用。			
小组分享	滴灌系统是如何工作的？	教师引导学生小组分享滴灌系统是如何工作的。并及时提出问题及修改意见。	学生进行小组讨论分享并改进小组的滴灌系统。	了解滴灌系统的工作情况并培养学生的创新能力。
设计安装滴灌系统	选择最优滴灌系统并进行修改。	教师引导学生根据植物所处的位置、日照的时长等，选择合适的滴灌材料和花箱的摆放方式，设计管道的位置；指导学生按照设计方案进行安装；引导学生测试滴灌系统。	学生完善并组装优化后的滴灌系统。	发挥学生的创造力，尝试工程设计。
	注意要点： 　　测试是否每个地方都能灌溉到水，有没有漏水的地方；测试水流量，将量杯放在灌水器下方接水，计算每小时的水量，根据水流量与植物生长需水量来设定自动控制开关的时间。			
教学图片				

植物生长期管理

（一）本课主要内容

了解大头菜、萝卜两种植物的生长特点，并能根据植物的生长特点进行管理。

（二）教学目标

1. 通过记录两种植物的生长变化，培养学生的动手和观察能力。

2. 引导学生养护植物和维护滴灌系统。

3. 帮助学生认识植物的病害（软腐病、黑腐病）、虫害（主要是蚜虫、菜青虫等），以及掌握植物病虫害防治的措施。

4. 帮助学生学会肥料追施。

5. 在种植管理过程中，提高学生劳动技能，培养学生的生态环境素养、科学素养和生活素养。

（三）教学实施的程序

环节	教学内容	教师组织和引导	学生活动	教学意图
创设情境，引入新知	用图片展示植物的病虫害问题。	教师提问：观察植物生长情况，你发现图片中的植物出现了什么问题？	观察图片，并进行小组讨论。	引入本课内容。
分享植物病虫害知识	了解植物各个阶段生长特征、水肥情况以及病虫害问题。	鼓励各个小组分享收集到的有关植物水肥、病虫害方面的资料，对学生收集的资料进行归类点评。	学生分享查阅到的有关植物生长特征、水肥情况以及病虫害问题的资料。	锻炼学生查阅、收集资料的能力，鼓励学生积极发言。
	注意要点： 学生查阅相关资料后要做好图片和文字记录。			
小组讨论	了解植物受到病虫害威胁的表现。	教师展示大头菜、萝卜受病虫害侵袭的表现，引导学生思考如何防治病虫害。	学生针对大头菜和萝卜病虫害防治方法进行小组讨论。	掌握植物病虫害相关知识，学会防治病虫害的方法。

（续表）

环节	教学内容	教师组织和引导	学生活动	教学意图
观察植物生长状况	大头菜和萝卜各个生长阶段的水肥需求。	教师引导学生观察大头菜和萝卜的长势，指导学生查阅有关大头菜和萝卜各个生长阶段对水肥、光照、温度的要求，鼓励学生分享收集的资料。	学生观察大头菜和萝卜的生长情况，查阅资料，分享交流收集的资料。	发挥学生自主学习能力，提高学生收集资料的能力。
	注意要点：　监督学生定期对大头菜和萝卜进行水分管理、肥料管理、光照管理、温度管理、病虫害管理，经常观察植株的生长情况。			
教学图片				

四、汇报展示（建议 1 课时）

（一）本课主要内容

通过总结，学生可以全面系统地了解整个实验的过程，可以正确认识实验中的优缺点。成功的地方可以进一步优化，失败的地方更是要总结，并寻找更好的方法解决问题。通过分享环节，锻炼了学生的语言表达能力。

（二）教学目标

1. 了解种植的过程和种子生长所需要的基本条件。

2. 学生能独自种植，掌握正确的种植方法，并积极参与讨论，大胆发表自己的见解。

3. 感受植物生长的神奇，体验劳动带来的快乐。

4. 学生对种植有兴趣，关注植物生长，乐意参加种植活动。

5. 满足学生的探索欲望，激发学生的责任感。

（三）教学实施的程序

环节	教学内容	教师组织和引导	学生活动	教学意图
创设情境，引入新知	教师展示学生在完成课程过程中的小视频及图片。	这个课程已经接近尾声了，大家在这个过程中付出了很多的努力，也收获了属于你们自己的劳动成果，那今天我们就一起来分享收获的喜悦吧！	展示自己种植大头菜、萝卜的成果。	引入本课内容。
收获	各个小组收获种植的大头菜、萝卜。	教师组织学生收获大头菜、萝卜，并提醒学生需要注意的事项，引导学生称出收获的大头菜、萝卜的重量。	收获大头菜、萝卜，称出大头菜、萝卜的重量。	展示收获的大头菜、萝卜。
评价、评比	评比学生收获的大头菜、萝卜。	鼓励各个小组汇报收获的大头菜、萝卜的情况，指导学生对各小组种植的表现和结果进行评价和评选。	学生汇报收获的大头菜、萝卜的情况，进行互评、选出种植小能手。	分享收获的喜悦。

注意要点：
　　大头菜收获标准：当植株基部叶已枯黄、叶腋间蘖生的侧芽长 17—20 厘米、叶片卷缩时，即可采收。萝卜收获标准：萝卜一般以肉质根充分肥大后为采收时期。

教学图片	

五、课程反思

（一）善于利用学校资源

　　盐港小学有研究《诗经》的文化氛围，在教室里、读书角都有有关《诗经》的书籍，方便学生随时查阅；校园有以《诗经》为主题的草木风雅植物园，为学生研究大头菜、萝卜的种植培育提供了良好的场所。本课题研究涉及多学科知识，需要各个学科老师集思广益，加入到项目中。因此，本课题参与指导学生的教师有十位之多，学生在哪个方面有不理解的地方，可以及时寻求相应学科老师的帮助。多学科老师的加入，是项目式学习的重要特征。

（二）运用项目式学习模式

自古以来，中国就是一个农业大国，蔬菜每日出现在我们的餐桌上；盐港小学通过学习《诗经》，学习种植大头菜、萝卜，贴近生活。这次课程学习从对大头菜、萝卜的种植展开活动和研究，将所学到的植物种植知识，运用到生活中，尝试种植培育其他植物，并像科学家一样思考、像工程师一样设计、像植物学家一样研究，充分发掘了学生的创造力，锻炼了学生的动手能力。

（三）学生自主能力不够

在项目进行过程中，学生要进行多次的课后资料收集，但有些小组会出现忘记收集资料的情况。针对此情况，我们建立 QQ 群和微信群，将课后要完成的任务在群里进行发布，督促学生及时完成，并且在群里进行资料的共享。

（四）学生语言表达能力欠佳

在设计方案的实施过程中，有些学生语言表达不够流畅，在表达的过程中思考时间过长。针对这种情况，可以让学生在安静轻松的环境中将自己的想法先写下来，再进行汇报分享。

（五）制作工程的安全性

在制作种植箱的过程中，需要用到机械工具，但是这些工具存在一定的安全隐患，学生在使用过程中可能会受伤，教师需要在使用工具前向学生讲清楚注意事项，并且指导各小组学生规范使用工具。

附：活动图片展示

学生跟教师讨论大头菜的移栽问题   学生体验无土栽培

学生在教师指导下完成实验论文

学生播种萝卜

学生移栽大头菜

学生与教师一起讨论种植问题

第四节 探研"博爱之源"水池水质问题
——以制作"藻类生长抑制器"为例[*]

课程背景与目标

"博爱之源"是庚子首义中山纪念学校校园八景之一,是传承中山先生"博爱"思想的无声教科书,也是润泽中山少年博爱向善、健康成长的心灵之源。这里假山错落,清波荡漾,景观植物错落别致,环境优雅。而在与"博爱之源"相伴成长的时日里,同学们发现池水每隔一段时间就会变得污浊,这对雅致的校园景观造成了不良影响。同学们为了让"博爱之源"水池重新焕发光彩,于是着手研究改善"博爱之源"水池的水质与环境。

本课程以真实问题解决为任务驱动,教师引导学生在实践中应用跨学科知识,采用团队合作和项目探究的方式,让学生了解水质与环境变化的原因,了解园艺、园林的设计理念,思考并提出水质环境改造的方法与途径;培养学生提出问题、运用多学科解决问题的能力,让学生养成观察身边事物、科学研究从身边做起的习惯,增强学生的环境保护意识。

课程领域

物理、化学、工程、技术、数学、信息、美术、历史、语文、英语、科学、形体

建议年级

五年级或六年级

建议课时

12 课时

---

* 本案例由深圳市盐田区庚子首义中山纪念学校提供,曾桂泓、钟琼、姜涛、彭小清、张波、何文静共同执笔。项目组主要成员有彭一青、曾桂泓、钟琼、姜涛、彭小清、何文静、张波、陈国城、胡文豪、李志钦、汤雅姝、王乐丰、张吉珣、杨瑜芬等。

教学过程

一、情境导入（建议 1 课时）

（一）本课主要内容

本课学习的主要内容是让学生探究了解"博爱之源"水质环境变化的原因，初步思考、提炼、梳理水质环境改造的核心问题。

课程主要分为四个部分：一是教师进行情境导入，让学生发现"博爱之源"这些年来历经风雨而产生的变化；二是学生进行分享、自行分组，初步形成考察目标；三是教师带领学生进行实地考察，记录发现的问题；四是学生通过整合思考，梳理聚焦，进行分组调整，并探究方向。

（二）教学目标

1. 实地考察"博爱之源"，记录相关数据。

2. 观察植物、水质、环境等因素对"博爱之源"水质环境的影响，通过查找资料、走访、讨论等多种渠道，让学生围绕"博爱之源"的现状提出问题，收集和整合相关信息，不断深入和完善认知。

3. 通过水质检测的实践活动，在独立思考和团队协作的过程中，培养学生发现问题、研究问题、解决问题的能力，增强学生保护环境的意识。

（三）教学实施的程序

环节	教学内容	教师组织和引导	学生活动	教学意图
初步介绍"博爱之源"情况	教师给学生播放"博爱之源"今昔对比照片。	向学生简单介绍"博爱之源"的由来和意义，引导："博爱之源"的池水发生了怎样的变化？	初步了解"博爱之源"的变化和状况。	让学生产生对"博爱之源"水质与环境的研究兴趣。
	提出问题：看完照片，谁能给大家分享一下自己的感受？	引导学生产生共情，真正走入研究。	根据自己的了解将感受表达出来，加以思考讨论。	让学生带着问题考察"博爱之源"。
	操作难点解析： 分享感受：学生难以在观看完图片后立马产生感受并组织好语言进行分享。			

（续表）

环节	教学内容	教师组织和引导	学生活动	教学意图
带领学生考察"博爱之源"水池	回顾提出的感受。	引导：同学们，你们还记得刚才自己看到"博爱之源"图片后的感受吗？	回顾自己对"博爱之源"水池的感受。再次组织语言复述、分享、讨论。	让学生回顾自己的感受，明确自己想了解"博爱之源"水池的哪些情况，带着目的去考察"博爱之源"。
	按人数分观察小组。	教师根据学生人数并参照学生的研究方向组织自由分组。	根据自己的感受自由组队。	提高团队合作能力和概念划分能力。
	带领学生考察"博爱之源"水池。	带领学生进一步了解"博爱之源"水池的真实情况，使学生根据自己的感受，有目的地运用看、闻、摸等方法进行观察。	自己观察水池并验证自己的感受，提出相关的问题。	训练学生的观察能力和整合能力。
	指导学生用文字、语音、图片、视频等方式进行科学严谨地记录。	亲自操作并示范如何整合记录自己发现的问题。	在整个参观的过程中，以小组为单位进行活动，针对各自不同的研究方向和小组发现的问题做好相应记录。	训练学生的协调能力，提高学生的科学素养，促使学生形成适合自己的记录方法。
	利用网络、图书等资源收集资料。	亲身示范如何利用网络资源收集查找资料。	学生课上及课后，收集出现这些问题的原因和一些初步的解决办法。	促使学生学会利用网络资源，学会收集、整合并记录资料。锻炼学生独立自主做研究的能力。

操作难点解析：
　　实地考察：学生难以带着目的进行"博爱之源"实地考察，容易出现无所事事、不知所以、漫无目的等情况。
　　科学记录：学生难以将观察到的现象用科学严谨的语言记录下来，容易"丢三落四"，容易丢失关键信息。
备注：
　　1. 在参观之前，让学生明确目的，带着本子、笔或平板电脑去参观。
　　2. 强调考察的秩序和纪律，做到文明考察，保护自身安全，不破坏环境，不影响他人。

（续表）

环节	教学内容	教师组织和引导	学生活动	教学意图
问题讨论会	形成问题：你想研究什么方面的问题？	引导学生确定几个研究方向，形成问题清单。	学生重新梳理问题，形成清单。	让学生学会提问，锻炼学生整合问题的能力。
	操作难点解析： 　　讨论一开始，建议用轻松的话题引入，活跃气氛，提高学生表达的欲望。学生意识不到问题的研究价值，容易出现天马行空的想法。			
课件下载				

二、职业体验（建议 2 课时）

（一）本课主要内容

本课学习的主要内容是让学生了解"博爱之源"水池的水质污染情况，体会水资源净化工序的复杂，提高动手实践能力，体验科研精神，形成热爱劳动的品质。

本课主要分为五个部分：一是多感官情景了解水厂的运营及意义，通过多元的视听体验，引起学生探索的欲望；二是学生通过清洁劳动尝试清理"博爱之源"，体会劳动的辛苦和快乐；三是由水厂专家对水资源的提取、净化和检测进行详细的解说和演示；四是学生收集好资料，列出采访清单，通过采访水厂工作人员，进一步收集和整合信息，更加深入地了解自己所做的研究和要解决的问题，学习水体质量的相关指标；五是在自来水厂专家的指导下，学生采集水样，在显微镜下进行观察，并动手体验水样检测的过程，体验制水工艺的严谨与繁杂。

（二）教学目标

1. 学生在水厂专家的帮助下，了解水资源净化改造的工序，掌握相应的水样检测和净化的科学知识。

2. 学生通过清洁劳动和水厂工作的职业体验，认识到水资源的来之不易，学会敬畏每一个劳动者，学会清洁顽固污渍的技能。

3.学生通过职业体验，增强珍惜水资源与保护环境的意识，培养跨学科整合的能力，如科学探究能力、语言文字表达能力、信息查阅和收集能力。

（三）教学实施的程序

环节	教学内容	教师组织和引导	学生活动	教学意图
职业体验一：清洁工	在教师的带领下，在保洁人员和技术人员的协助下，清洗"博爱之源"水池。	引导：上一节课，同学们通过现场考察，发现了"博爱之源"的水质特别污浊，也认识到了"博爱之源"水质改造的迫切性。今天，我们要身体力行，当一名"小小清洁工"，对"博爱之源"进行清洁维护，守护我们的校园美景！	跟随指引分工劳动，清理"博爱之源"水池。	让学生亲身体验劳动的艰辛，学会尊重劳动者，懂得保护环境，掌握清洁的技能技巧。
操作难点解析： 　　学生的劳动能力有限，教师要认真评判学生的劳动能力，进行相应的分工和劳作。需要多名教师及保洁、技术人员在旁指导看护，注意安全问题，断电断水，配备好劳动工具和劳防用品。				
职业体验二：小记者	导入：回顾劳动过程，我们已经对"博爱之源"做出清理，水是否干净与什么有关呢？	引导：通过自己查找的资料和劳动体验及生活经验，判断水是否干净有哪些要素。	温习自己查找的资料，并思考水体质量有哪些指标？	让学生产生微观的概念，眼睛能够看到的东西有限，水中还有其他脏东西我们看不见，也无法通过清洁劳动来解决。
	邀请水厂专家进校园，开展专家讲座。	专家通过实验检测的方法演示检验学生带来的清理后的水样质量。专家讲解和演示自来水厂工作的整体流程和具体工序。	学生边听边做记录。	培养学生认真聆听和整理记录及思考的能力。让学生认识到水质与诸多因素有关。

（续表）

环节	教学内容	教师组织和引导	学生活动	教学意图
职业体验二：小记者	采访互动。	引导学生形成采访问题清单。	以新闻发布会的形式，举手对列席专家进行采访和提问。	训练学生的思考能力和表达能力，让学生自由提问，让他们解开自己的疑惑，了解研究的内容。
	整合记录。	引导学生记下专家回答的关键信息。	学生将专家给予的答复和问题的答案及相关信息记录下来。	掌握水体质量指标。
	操作难点解析： 　　在采访过程中，需注意秩序和语言的简洁性，注意记录关键的信息，注意把握思维发散的程度以及过程中即刻想起的问题。			
职业体验三：小检测员	走进自来水厂，学生上岗进行"角色"分工。	组织学生根据专家的讲解进行分工体验，并安排轮流体验顺序。	学生根据自己感兴趣的工序，自由组成小组，定好角色，如：浊度检测小组，pH 值检测小组，微生物观察小组。在完成一项体验后，按顺序进行下一项体验。	让学生获取水质检测的相关知识，掌握实验操作方法和实验思路；并按兴趣进行分组，以便有次序地开展实践体验活动。
	"持证上岗"。	引导学生参考科学实验的经验，注重观察和保证学生操作的正确性、规范性。	学生动手进行实践操作。	鼓励学生思考、亲自动手实践，及时、全面、有序、有效地验证专家讲解的知识，"趁热打铁"，通过实践活动巩固技术、技能。体会水质处理工艺的烦琐与复杂。
	操作难点解析： 　　学生往往会忘记操作方法，教师应引导其向专家和技术人员请教。教师应在旁观察和注意学生规范进行实验，避免不当操作和秩序混乱损坏仪器设备。			

（续表）

环节	教学内容	教师组织和引导	学生活动	教学意图
总结收获，反思研讨，创编话剧	总结课程收获，一起绘制手抄报。	提供报刊的几种形式，指导学生用图文结合的方式制作手抄报。	将以上过程画成插图，撰写"职业体验"心得，并绘制手抄报。	提高学生语言文字表达能力、信息整合能力，以及图形具体化能力，让学生逐步回顾研究思路，构建思维导图，理清研究过程和顺序。
	组织学生进行反思研讨。	以课题组汇报的形式，指导学生针对目前整理的资料和现阶段感受及往后研究方向做汇报。	在教师的指导下，进行分享汇报。	促使学生形成发展的意识，确定下一步研究的具体内容。锻炼学生的表达能力，促使学生反思。
	创编话剧《"博爱之源"的心声》。	引导学生共情同理，将自己当作水池中的生物。	在教师的指导下，进行剧本文本创编和角色分工及排练。	促使学生能对生活中的事物和问题产生同理心，能与问题共情，形成一种意识和能力，并应用到生活中。

操作难点解析：
　　学生难以记住专家分享的工艺和相关实验操作及知识，学生难以想象一滴水的历程，学生在创编话剧剧本时无法进行大量的文本工作，学生在排练话剧时出现的各种问题。

课件及水厂讲解稿 下载	

三、科学探究（建议 4 课时）

探究"博爱之源"的水质与环境

（一）本课主要内容

　　本课学习的主要内容是让学生在教师的指导下，根据前面所有的活动，形成问题筛选标准，聚焦并确定研究的问题。探究"博爱之源"的水质与环境问题，并形成相应的报告和解决方案。

　　本课主要分为四个部分：一是梳理回顾研究过程与顺序；二是形成问题筛选标准，确定几个研究问题，并分成不同的研究小组；三是收集整合资料形成初步解决方案；四是参照优秀的园林景观和园林设计案例，提出相应的解决办法。

　　（二）教学目标

　　1. 了解水中常见污染物种类与危害，以及水中微生物对其他生物的影响。

　　2. 了解水污染的控制方法、水质指标（如 pH 值、浊度、藻含量、重金属离子含量）的含义、维持方法和指示作用等。

　　3. 在探究过程中，学生能围绕研究对象提出问题与假设，并提炼有价值的问题，能通过多种途径和资源获得知识与研究资料，从而培养善于思考、严谨治学的态度。

　　（三）教学实施的程序

环节	教学内容	教师组织和引导	学生活动	教学意图
梳理回顾研究过程	回顾、分享。	让学生回顾考察水池、清洁水池、检测水质的活动照片，并分享事件过程。	分享、回顾。	让学生回顾研究过程。
	操作难点解析:　注意理清顺序和思路，可分步分点列出讲解。			
筛选聚焦研究问题	根据学生的想法和科学研究要求以及考察情况，提出想要解决的问题，形成清单，并说出原因。	引导学生形成科学研究价值观和科学研究目的性，引导学生反思清单中问题的可研究性和价值。	学生展开讨论，表达观点，提出问题。	让学生学会提问，并能表达出"博爱之源"水池的现状。
	形成问题筛选标准。	引导学生就研究价值等形成问题，筛选研究标准。	思考研究价值是什么，如：哪些问题要先解决？哪些问题会真正影响"博爱之源"水池的水质和环境？	训练学生的反思能力。

（续表）

环节	教学内容	教师组织和引导	学生活动	教学意图
筛选聚焦研究问题	聚焦问题。	组织学生以票选的方式，选出本组要研究的问题。教师作为参与者，参与到讨论中，以举例的方式提出自己的意见。	讨论并筛选出清单，聚焦出几个研究方向。	培养学生严谨的科学态度及探究事物的科学方法。让学生聚焦问题，有效地开展研究，并形成探究小组和明确的探究问题及目标。
	操作难点解析：　　为了防止研究问题重复或相近，可以缩小讨论范围，只能让学生按小组进行讨论。学生无法判断和把握问题的研究价值时，教师应举例进行说明，提出自己的考虑和猜测。			
收集资料分享研讨	教师展示园林设计的成功案例。	指导学生如何利用平板电脑、图书资源辅助学习。	学生围绕最终定下的研究问题以及研究方向，收集资料，将围绕这个问题或方向所产生的疑问思考记录下来，逐一解决，并得出初步解决方案。	明确研究方向，形成初步的解决方案和下一步的具体事项。
	操作难点解析：　　教师要对形成的解决方案做及时跟进和指导，以免出现偏离研究问题的情况。			
	课件下载			

探究"博爱之源"水池周围的植物

（一）本课主要内容

本课的主要内容是调查"博爱之源"水池周围各种植物的生活习性，选择适宜生存在此环境下的具有观赏性的园林植物，得出植物与环境调研报告；通过利用水质指标确定"博爱之源"水质的污染物，探究治理对应污染物（如鼓藻）的常见办法，得出水体质量调研报告；展开"抑制水中藻类生长"的研究，得出藻类生长抑制器的设计方案；制作"博爱之源"沙盘，利用沙盘展示对"博爱之源"的重新规划，并及时对藻类生长抑制器进行修改，直到"博爱之源"水质以及周围环境得到整体改善。

（二）教学目标

1. 学生了解环境条件包含的内容和部分动植物的生活习性、水污染的控制方法及水质指标的维持方法。

2. 掌握测量工具的使用方法，了解"量化"这一概念，掌握比例尺的计算。

3. 能使用控制变量的实验方法观察事物，获得事物特征，建立指标，用对比、对照等方法，评判动植物好坏。

4. 在实践过程中，锻炼想象力以及动手制作能力，培养对自然、生命的探究兴趣。

（三）采取复式教学的方法分组实施教学程序（四组探究同时进行）

第一组：植物与环境调查组

环节	教学内容	教师组织和引导	学生活动	教学意图
实地考察	分时多次测量"博爱之源"的气温、水温，记录季节、时间及结果。	引导学生思考哪些要素反映环境特征。如何客观地观察、测量、记录。指导学生进行规范的操作，掌握严谨的测量、观察、记录方法。	在教师的指导下，测量并记录下考察的时间、日期、地点和数据。	促使学生了解"博爱之源"的环境特点，为后续研究做准备。
操作难点解析： 操作要规范，实验方法和记录方法要严谨科学。				

（续表）

环节	教学内容	教师组织和引导	学生活动	教学意图
资料调研	将"博爱之源"的各种植物拍照记录，利用图片搜索功能，查找一些权威性的网站，了解这些植物的习性和特点。	传授网站搜索的方法，指导学生判断结果是否权威，建立植物"档案"。	学生认真查阅网络，过滤挑选信息，做好相应记录。	促使学生了解"博爱之源"植物的生活习性，并做好相应记录，为后续研究做准备。
	操作难点解析： 　　能否有效筛选出植物生活习性等关键信息和科学严谨客观地记录、"建档"，是科学有效地进行后续研究的关键。			
归纳小结	归纳"博爱之源"的环境条件。	注意结合测量记录表。	将测量记录表所得的气候环境规律做整合并形成结论。	增强学生的思维能力、整合能力和合作能力等。
	操作难点解析： 　　学生在测量、观察及记录时，不能客观严谨地记录结果。学生难以把握气候环境规律并得出结论。			
资料调研	搜寻能够在上述"博爱之源"气候环境特征下正常生长的具有观赏性的园林植物。	传授网络搜索的方法，指导学生判断结果是否权威，建立植物"档案"。	学生认真查阅网络资料，过滤挑选信息，做好相应记录。	促使学生结合"博爱之源"的气候环境特点寻找具有观赏性的植物，并做好相应记录，为后续研究做准备。
	操作难点解析： 　　学生在搜索时，不能过滤无关紧要的信息。学生没有足够的耐心完成这一环节的内容。教师应提供搜索的方法，并引导学生耐心完成。			
探究对比得出结论	围绕目标进行探究，建立表格，得出植物与环境调查报告。	注意指导学生进行对比，体会以上所有准备工作的目的和重要性。注意引导学生确定实验方法。	学生建立表格，并在教师的指导下进行探究对比，得出结论。	让学生理解到，对比找相同与找不同能发现事物间的矛盾与联系，确定实验方法，并得出"博爱之源"植物的更改结论。
	操作难点解析： 　　学生难以理解环境条件与植物生活习性之间的关系，可适当举例，让学生共情理解。			

第二组：水体质量调查组

环节	教学内容	教师组织和引导	学生活动	教学意图
实地考察	拍照记录"博爱之源"水池的现状，与过去进行对比，运用看、嗅等方法，观察水体。	指导学生进行规范的操作，掌握严谨的观察、记录方法。	在教师的指导下，观察并记录下考察的时间、地点和现象。	促使学生了解"博爱之源"的水质特点，为后续研究做准备。
	分时分批次采集水样，贴好标签，再进行近距离观察。	注意指导学生理解时间等无关因素对实验探究的影响，理解偶然误差的概念。	在教师的指导下，进行采样操作，并进行近距离观察，记录现象。	促使学生理解时间等无关因素对实验探究的影响，理解偶然误差的概念。采集水样近距离观察并记录好现象。
	操作难点解析： 观察要仔细认真，实验方法和记录方法要严谨科学。			
资料调研	使用网络资源，搜索常见常用的水体质量指标，学习并记录其含义。	指导网络搜索的方法，指导判断结果是否权威，理解相关科学词汇和概念，进行记录。	学生认真查阅网络资料，过滤挑选信息，做好相应记录，形成水体质量指标的表格，并研讨可行性。	促使学生学习并掌握相关水质指标，并做好相应记录，为后续研究做准备。
	操作难点解析： 能否有效筛选出关键信息和科学严谨客观地记录，是科学有效地进行后续研究的关键。			
归纳小结	根据以上表格，组内讨论，归纳出欲对"博爱之源"水池水样进行检测的水体质量指标：余氯、浊度、pH值、溶氧量、重金属离子浓度。	注意引导学生形成正确的认识，没有入选的指标也很重要，只是知识能力和研究条件有限，有兴趣的同学可以拓展学习、研究。	组内讨论，整合出可研究、检测的水质指标。	明确检测的具体内容和其所表征的内容、意义。
	操作难点解析： 学生很容易以为不进行研究的指标就不重要。学生难以掌握各项水质指标所表征的内容和意义。			

（续表）

环节	教学内容	教师组织和引导	学生活动	教学意图
探究检测得出结论	围绕目标进行探究，与专家交流，根据检测结果，得出结论。	注意指导学生进行对比，体会以上所有准备工作的目的和重要性。注意引导学生形成严谨的结论。	学生建立表格，并在教师的指导下得出严谨的结论。	让学生理解到，水质问题主要体现在藻类含量较高，科学知识与技能有进阶的过程，分析检测类研究也可分为定性和定量两种，科学结论要严谨客观，往往我们可以总结归纳出某些特征、指标、要素来反映事物的情况等。
操作难点解析：				
学生往往会妄下结论，或者形成的结论不够客观严谨，容易有夸大或过于保守的现象发生；难以掌握"指标"与"水体质量"之间的联系。				

第三组：藻类生长抑制器组

环节	教学内容	教师组织和引导	学生活动	教学意图
设计方案	根据以上两组的研究结论以及相应的资料，利用工程技术知识解决藻类滋生问题。	引导学生使用声光电等方法进行设计，多给学生举例子。	在教师的引导下，查阅资料，确定抑制藻类生长的手段，以及能否实现、通过何种方式实现。	让学生体会到研究进阶的过程，从定性到定量，从定量到控制，让学生找到抑制藻类生长的方法。
	藻类属绿色植物，它们通过光合作用提供自身生长的养分，叶绿体呈现蓝绿色，故叶绿体不吸收蓝绿光。	蓝绿光是否能抑制藻类进行光合作用？查找相应文献。	通过查找文献，我们了解了决定物体颜色的物理定律。通过试验，发现蓝绿光能抑制藻类生长。	使学生了解通过对藻类光合作用的抑制能起到抑制藻类生长的目的。
操作难点解析：				
找到能抑制藻类生长的方法、手段和仪器设备是本课的难点。				

（续表）

环节	教学内容	教师组织和引导	学生活动	教学意图
制作过程	详见本案例"五、工程制作"。			
藻类生长抑制器的验证	提出目的和问题，如何证明藻类生长抑制器的作用？	注意引导学生使用控制变量法、对照实验等科学严谨的研究方法。	围绕目的，设计实验方案。	明确实验方案的步骤，促使学生掌握并使用控制变量法等基础研究法以及对照实验的方法。
	操作难点解析：　学生很难严谨地设计并写下实验方案；难以注意到控制变量法中的无关变量的实验关键；制备实验样品和实验组时，操作往往不规范或粗心大意。			
观察记录并得出结论	布置任务：让学生严格按照表格所设计的观察周期和观察频率进行观察和记录。	注意指导学生进行对比，体会以上所有准备工作的目的和重要性。注意引导学生形成严谨的结论。	学生按照讨论制订的观察周期和观察频率对实验样品进行观察，并在教师的指导下得出严谨的结论。	让学生得出"藻类生长抑制器"的作用和功效；让学生理解到，科学知识与技能有进阶的过程，观察现象与记录现象要客观，得出科学结论要严谨。
	操作难点解析：　学生往往不能按照规定的观察周期和观察频率进行观察，有的会妄下结论，或者形成的结论不客观严谨，容易有夸大或过于保守的现象发生；操作不规范、粗心大意也会造成实验结果存在巨大误差等。			

第四组："博爱之源"沙盘组

环节	教学内容	教师组织和引导	学生活动	教学意图
实地考察	教师陪同学生对"博爱之源"水池进行实地考察，测量水池的长和宽。学习如何估读长度，并做好记录，到学校行政楼上拍摄"博爱之源"俯视图。	注意指导学生对水池规格、长宽高等方面的测量，注意指导学生及时记录数据做好考察记录。	在教师的引导下，查阅资料，确定抑制藻类生长的手段，以及通过何种方式实现。	让学生体会到研究进阶的过程，从定性到定量，从定量到控制；让学生找到抑制藻类生长的方法。
	操作难点解析：　找到能抑制藻类生长的方法和手段、了解有哪些仪器设备能起到抑制藻类生长的作用是本课的难点。教师要给予学生充分的指导。			

（续表）

环节	教学内容	教师组织和引导	学生活动	教学意图
制作过程	综合各方面的研究成果，制作心目中的"博爱之源"沙盘模型。	比例尺的计算，工具和材料的使用。	准备制作材料。根据所拍摄的图片和实地考察的数据，制作出想象中的"博爱之源"的沙盘模型。	用沙盘模型来展示工程制作的过程。用沙盘模型来展示改造的结果。
	操作难点解析：　　学生往往不能按照规定的观察周期和观察频率进行观察，有的会妄下结论，或者形成的结论不客观严谨，容易有夸大或过于保守的现象发生；操作不规范、粗心大意也会造成实验结果存在巨大误差等。			
	课件、《水体质量》检测报告、《植物与环境》调研报告下载			

四、工程制作（建议 3 课时）

（一）本课主要内容

基于学生对景观水池水质恶化原因的探究，以及对藻类生长规律的了解，引导学生思考如何在一定程度上，通过抑制藻类的生长达到净化水质的效果。学生根据需求提出藻类生长抑制器的设计方案，选择合适材料制作外观，并使用电子元器件，通过电子编程，制作出藻类生长抑制器装置。

（二）教学目标

1. 学生正确使用电子模组 CocoMod（主控模块、环境传感模块、转接模块、LED 灯屏模块、屏幕模块）、水温传感器、加热棒和继电器。

2. 学生熟悉可视化编程工具 CocoBlockly 的界面和基本操作方法，并掌握所需的编程方法和步骤。

3. 学生掌握 3D 打印建模软件的基本使用方法，并根据工程需求设计、打印合适的外观。

4. 学生科学合理地组装藻类生长抑制器，形成设计思维的基础框架，培养动手与探究合作的能力。

（三）教学实施的程序

环节	教学内容	教师组织和引导	学生活动	教学意图
提出驱动问题	回顾检测过程和结果，得出藻类是影响水质的主要原因。	请同学们回忆一下，我们水质检测的结果是什么？我们可以做些什么？	回忆水质检测的结果，思考。	温习已有的结果，从而针对藻类是主要污染源这一结果，进行解决办法方面的思考。
	引导学生查阅学习藻类的生存条件。	请同学们思考：你不想让水藻正常生长，可以怎么做？	小组讨论，查找资料，思考得出可行的抑制藻类生长的办法。	让学生自主提问、自主思考，进行充分的小组合作。得出通过光照和温度来抑制藻类生长的结论。
	做好调研记录。	请同学们将自己收集到的信息进行梳理并记录在纸上。	学生记录藻类生长的温度、光照等条件。	让学生能严谨客观地做好记录，意识到可通过改变环境条件来抑制动植物的繁衍，培养学生收集处理信息的能力。
	做好工程设计：确定想通过工程制作解决什么问题。确定工程制作产品的功能、外形等。	同学们，我们有了这些想法，如何将这些想法变为现实呢？设计这一环节就非常重要了。我们一起将设计图画下来吧。	基于自己的思考，在教师引导下，绘制工程制作产品的设计图，并记录好产品制作的初衷以及原理、产品预期功能等重要参数。	让学生意识到，想法与实践之间，可以通过设计来连接。有条理有逻辑地去制作，可以节省时间地去完成。思路：为实现功能而做—实际效果（包括设备选择和参数设置等）—功能协调协作加工—外形协调美化加工。
	操作难点解析： 引导学生思考如何通过温度、光照来抑制藻类生长是本课的难点。			
认识传感器等硬件	第三方技术人员现场展示、教授传感器、加热棒、灯、继电器等设备原理与作用。	这些电子元件和设备有什么神奇之处呢？	学生观摩并认真学习各种设备的使用方法。	让学生深切了解电子设备强大的功能以及对人们的帮助。

环节	教学内容	教师组织和引导	学生活动	教学意图
认识传感器等硬件	准备好设备，教给学生连接与拼接方法。认识各类串口，了解它们的作用。	同学们，经过上一环节的学习，我们现在来练习如何连接并使用这些设备。练习过后我们来互相分享活动过程中的感想与心得。	学生练习，并互相研讨连接过程中的难点。归纳记忆的方法。	让学生熟悉设备的使用方法。
	操作难点解析：　　练习使用各类传感器，知道每个串口的作用。			
学习编程工具	学习 CocoBlockly 编程工具的使用，并结合本课用到的电子模块，进行相应的编程练习。	这些电子设备，现在暂时还是"死"的，没有你们精确的命令，它们无法协调工作，我们一起来看看如何给它们发号施令。	学生使用 CocoBlockly 编程工具完成简单程序的编写，体验编程工作并积累经验。	增强学生的动手操作能力、创新思维能力、探究精神和合作能力，熟悉 CocoBlockly 编程软件。
	实验、实践操作。	同学们运用 CocoBlockly 编写程序完成以下几个任务：藻类生长抑制器需要用到的程序模块的锻炼，即变量的设置与调用；逻辑及条件判断语言"如果……执行……否则……"的使用。	学生小组合作实验、自检与互检。	让学生在不知情的情况下，学习积累后期着重要用的程序编写模块，引发相应思考，提出相应的问题。
	学生互相分享自己编写的程序。	同学们，每个人都有自己擅长的东西，也会有不足，将你的想法分享给同学们，一起思考讨论，会有更多意外的收获。	学生互相分享制作成功的要素，失败的部分互相找出原因。学生一起分享，一起进步。	培养学生的语言沟通能力、表达能力、团队协作能力，也使得设计方案和思路更加完善。
	操作难点解析：　　学生能否按照预想完成实践操作部分，能否分享经验是本环节的难点。教师要善于引导。			

（续表）

环节	教学内容	教师组织和引导	学生活动	教学意图
3D 打印建模软件基础技能学习与应用	学习打印建模软件基础知识，通过打印制作部分作品，来体验和感悟操作要点以及时间精力分配等。	通过对相关美工作品的展示和某些物品的机械拆解让学生意识到，很多的设备外壳可用 3D 打印来制作。	学生思考藻类生长抑制器的外壳形状及大小、颜色等，学习使用打印建模软件。	学习 3D 打印的使用方法，在建模过程中学习体会设计的重要性。体会到外形协调美化的重要性，思考如何去做，要点有哪些。锻炼学生的学习能力，积累知识和经验；提高学生面对突发情况时的应变能力。
	实际测量和计算工程制作产品——藻类生长抑制器的长度、宽度、厚度等数据。	教师引导学生使用尺子、纸笔做好测量、计算。	学生绘画、测量并计算。	意识到空间位构的重要性和相互间的关系，明白一切都要"恰好"才能"美"起来。让学生形成模拟、预设、构想等工程制作素养，增强学生的空间想象力等。
	学生建模并使用 3D 打印机打印外观结构。	教师与学生一起做，发现环节中的重难点，教师适时给予学生讲解、指导和帮助。	学生根据设计图和测量、计算得到的数据，建立模型并开始打印外壳。	培养学生严谨细致、认真负责的态度。
根据设计方案制作	根据设计方案，使用 CocoBlockly 编写程序并上传至主控模块，满足监测、显示和控制的效果。外壳按照设计来进行 3D 打印。	教师应说明制作任务的要求和给予必要指导。	学生按照提出的方案和设计图来进行制作和外壳的 3D 打印。	制作藻类生长抑制器。
	拼接电子模块并与 3D 打印外观组装。	教师在旁观察，进行适当的指导。	学生按预想进行装置拼接。	制作藻类生长抑制器，学会一些工具的使用方法。

（续表）

环节	教学内容	教师组织和引导	学生活动	教学意图
根据设计方案制作	测试效果，并根据测试结果进行相应调试和优化。	重在指引方法，参考科学探究部分的实验思路。	学生按照设计好的实验思路进行测试、观察。	让学生经历完整的工程设计和制作过程，验证工程制作的作用和效果。
	操作难点解析：　需要教师具有很强的应变能力，教师尽量少做指导，让学生自己发现问题和解决问题。			
	课件下载			

五、汇报展示（建议 1 课时）

（一）本课主要内容

通过多种形式，如视频、话剧、学生发言、作品展示及路演等，向观课者汇报课程过程，将课程过程中重要的部分进行详细的叙述汇报，让更多人了解此课程的起源和目的，让观课者了解学生和教师都做了什么。更重要的是，学生回顾自己的研究过程，学会科学研究的步骤，并从中总结出一些方法和经验。

（二）汇报展示目标

1. 让学生回顾、理清自己的研究过程，总结出科学研究的基本流程和方法。
2. 让观课者了解课程的起因、经过、结果和总目标。
3. 让学生体验收获成果的快乐。
4. 让学生发现自己研究过程中的不足。
5. 激发学生的发散思维，确定本次课程的周边及未来拟开展的活动。

（三）展示程序

环节	展示内容	教师组织和引导	学生活动	展示意图
汇报展示	教师引述对 STEM 课程的个人理解。	准备视频播放。	后台聆听。	为后续展示和课程讲解做铺垫。

（续表）

环节	展示内容	教师组织和引导	学生活动	展示意图
汇报展示	播放视频。	教师一旁补充说明。（参演话剧学生准备。）	请上台来一起观看视频回顾。	展示课程的所有内容及课程探研的过程。
	引述话剧、学生表演。	教师配旁白、话外音。	台上学生展演话剧，其他学生观赏。	展示学生的同理心，与环境共情。生动形象地展示出"博爱之源"水质与环境问题及解决这个问题的迫切性。
	学生串联台词，按各自小组共同经历，分享研究形成对话式、互相补充式的汇报。	教师旁边聆听，适时做引导和补充。	学生根据自己的经历以陈述为主要形式进行叙述汇报，可适当提问现场观众，可与台上的同学对话互动。	学生叙述起因、过程、结果，归纳总结经验和方法，体验向观众做报告。
	实物成果描述、展示、路演。	教师旁边聆听，适时做引导和补充。	学生介绍制作产品的意图，将产品的功能效果做叙述、展示和路演。	讲事实，说结论，摆成果。
	总结展望，评价量表的统计结果与课程反馈。	教师引述、汇报评价量表的情况。	学生介绍自己在课程学习的过程中的感受、心得和反思。对还没解决的问题及课程中不足之处、未来想继续做的事做一反思。	让学生知道自己的长处和短处，发散思维，准备细致深入的探研，给课程留下延续性。

操作难点解析：
彩排、演练，帮助学生克服紧张惶恐的情绪。

课件、《"博爱之源"的心声》（剧本）下载		视频下载	

六、评价反思（建议 1 课时）

（一）项目式学习的要素思考

项目式学习，其范围十分之广。本次开展的"探研'博爱之源'水池水质问题"STEM 课程，其实是在学科上有所偏向，即更偏向于科学、技术、工程、数学。STEM 课程的个性化和实物成果，顺应学生学习认知过程的顺序及对真实的生活情境的感受，都是非常重要的课程指向。"博爱之源"作为庚子首义中山纪念学校的校园八景之一，学生对其非常熟悉。在体育课，上学、放学的路上，都会经过和看到，而能够驻足观察，并引发思考，是非常难能可贵的。在平日的教学中，我们尤其要注意观察学生、发现学生自主思考的"科技之光"，注重收集这种基于真实情境的学习。

项目式学习不能只让学生简单地学习知识，而要让学生学会获取知识的途径；不能只单纯地做实验，而是要解决生活中的实际问题；不是单纯的手工课，而是要触发其像科学家一样思考；像工程师一样地解决问题。所以，在收集了真实情境之后，我们也要注意考量这些生活中的问题，是否适合开展 STEM 教育活动。

（二）出现的问题和课程重难点

在顺其自然发展的教学过程中，学生提出要融入诸如美术等艺术学科，其实已经略微超出了 STEM 课程的范畴，但考虑到研究和教学的真实性及多样性，我们对学生提出的思考和方案做了保留，没有抑制学生的想法。

根据课程所涉及的学科及内容，我们开始建议开展此课程的课时为 10 课时，但是最终还是超出了预期的计划，使用了 12 课时。主要是根据方案、计划、设计图，动手制作沙盘和藻类生长抑制器的时间超出了我们的预计，就此看来，在工程学科方面，学生的积累是十分薄弱的。

由于我们是初次开展 STEM 课程，在资料查找方面有些重复和多余。这方面主要是由于我们缺乏教学经验；另一方面则是由于解决问题的逻辑和方法、方案并不清晰。另外，该课程以学生为主体，他们对此课题更感到陌生，不知道如何解决这些水质和环境问题。由此，课程并不能如我们设想和预期的那样开展，这些都影响了后续的小组讨论环节。

为了充分调动学生的积极性，我们采取了评价量表和奖励制度。在他们不懂的复杂、高阶科学知识上，我们建立起了一些简单模型辅助其理解，比如水中离子等微观概念，藻类的大小、光合作用等。所以如何生动形象而又正确地将知识进行简化和解释，也非常考验教师的能力，我们须在这些方面多做些工作。

评价量表 下载	

附：活动图片展示

实地考察"博爱之源"水池

科学探究——采集水体样本

记录并筛选待研究的问题与研究方向

科学探究——水的酸碱度

科学探究——观察水体样本中的藻类

第四章　社区资源类案例

第一节　图书馆保卫计划
——以制作图书馆环境湿度监测装置为例[*]

课程背景与目标

　　深圳市盐田区云海学校依山而建，处在半山云海之中，独特的地理位置虽然带来了优美的校园风景，但同时也让校园常年处在湿度过高的环境中，对学校硬件设施的保存与维护提出了更高的要求。

　　开学伊始，云海学校的高年级学长带着新入学的学弟参观学校图书馆，在介绍图书馆情况的时候，学弟拿起一本书，发现这本书的纸质偏湿软并且有着墨绿色的霉斑。他问学长为什么这里的书会出现这种情况，学长一时答不出来。这时一位路过的老师表扬他们观察得很仔细，邀请他们一起解决图书馆部分书本发霉的问题，并且希望他们能找到更多的同学一起合作来解决图书馆书籍受潮发霉的问题。

课程领域

　　物理、科学、化学、工程、语文、信息、美术、生物

　　* 本案例由深圳市盐田区云海学校提供，温克强、曾焕、任钰泽、钱秉阳共同执笔。项目组主要成员有温克强、曾焕、任钰泽、钱秉阳、钟丽霞、吴锦鑫、叶盛日、陈广大、龙西仔、王欣昀等。

建议年级

八年级

建议课时

8 课时

教学过程

一、情境导入（建议 1 课时）

（一）本课主要内容

图书馆对于很多云海学子来说具有很重要的意义，他们课后很多快乐的时光都是在这里度过的，每天在图书馆里阅读自己喜欢的书籍，畅游在知识的海洋中，图书馆见证了他们的快乐成长。但是，因为潮湿的地理环境，图书馆里的书籍很容易受潮发霉，针对这个问题，同学们思考并提出自己的假设，然后设计方案尝试去解决，在实践中掌握相关知识并得到锻炼。

（二）教学目标

1. 让学生探索云海图书馆，了解图书馆常识和功能，能够在图书馆查阅学习资料。

2. 让学生发现和探究云海图书馆的问题，思考改进措施。

3. 学生分组根据聚焦的问题，制定科学探究的方法和过程。

（三）教学实施的程序

环节	教学内容	教师组织和引导	学生活动	教学意图
揭示课题，实地考察，资料展示	查阅资料，了解图书馆的功能，并对图书馆里的书籍受潮情况进行实地考察。	教师将课题组成员分成若干小组，分别带领各小组对图书馆实行实地考察和资料收集。	查阅资料，了解图书馆的功能，并通过实地考察对图书馆里的书籍受潮情况有初步了解。	通过实地考察让学生对书籍受潮情况有一定的认识，激发学生主人翁的精神。
	提出问题：图书馆里的书籍受潮的原因是什么？	抛出问题，引发学生思考：哪些因素导致了图书馆里的书籍受潮？图书馆设施存在哪些问题？	小组将考察调研资料做分享及展示，思考问题，提出问题。	提问引发学生思考和自主学习的意识。

（续表）

环节	教学内容	教师组织和引导	学生活动	教学意图
揭示课题，实地考察，资料展示	布置作业：查找影响湿度的因素和图书馆防潮措施的相关资料。	抛出问题：如何测量环境的湿度？	结合实地考察所产生的疑问和自身兴趣，查找相关资料。	锻炼学生收集资料、整合资料并善于思考问题的能力。
组织研讨，整合信息，设计方案	引导学生通过思维导图的形式对聚焦的问题进行假设，组织学生讨论。	引导学生利用头脑风暴的形式尽可能多地提出相关假设，并利用思维导图的形式记录。	学生综合自己了解到的信息，进行重新整理、表达。	鼓励学生自己思考，学会整理所收集的资料，并运用合适的语言进行表达。
	根据学生的想法，或者是学生提出的问题继续提问，引导学生讨论。	教师对学生聚焦的问题进行指导，帮助学生确定研究方向，组织学生进行讨论。	学生展开讨论，表达观点。	训练学生的思维和口头表达能力，加强科学探究的严谨性。
实践操作，评比小组方案的优缺点	带领学生总结相关假设。	回顾实地考察中遇到的问题以及如何解决问题。	温习通过查找资料得到的相关知识。	调取既有知识，为讨论新疑惑、新问题预热。
	引导学生阐释和总结各小组提出的解决方案。	教师可以抛出问题，引导学生思考、讨论：我们如何开展实施各小组的实践方案。	学生思考并讨论，进行思维碰撞，产生自己的想法，初步拟定解决方案。	结合相关的科学知识，进行合理想象，锻炼口头表达能力、团队协作能力，拓宽想象力。

操作难点解析：
　　可缩小讨论范围，先让学生分组讨论，初步构建解决方案，然后请学生代表发言，全班讨论，接下来由教师和其他学生对该方案进行可行性和优缺点的分析。

课件下载	

二、职业体验（建议 1 课时）

（一）本课主要内容

本课的主要学习内容有三个部分：一是通过互联网查找图书馆的历史起源与世界知名图书馆的信息，激发学生的学习兴趣，并以小组为单位进行分享讨论；二是对盐田区图书馆和深圳大学图书馆进行实地考察，请教图书管理员关于图书馆防潮的相关措施，并体验图书管理员的工作，启发学生思考图书管理员的职责和贡献；三是通过小组讨论并上网查找资料，分析图书馆防潮措施的科学原理，锻炼学生分析问题的能力和自学能力。

（二）教学目标

1. 让学生走访和探究云海图书馆和盐田区图书馆，了解著名图书馆的现状和历史，激发学习兴趣。

2. 让学生体验图书管理员的工作，增强职业体验感和责任感。

3. 让学生自主讨论得出图书馆防潮措施的科学原理，锻炼学生分析问题、解决问题的能力。

（三）教学实施的程序

环节	教学内容	教师组织和引导	学生活动	教学意图
参观盐田区图书馆，收集相关信息	回顾上节课内容，并导入本课研究重点。	引导：通过查找资料，你们对图书馆有了初步了解，你还对图书馆的什么内容感兴趣呢？今天我们就要一同走进盐田区图书馆，进一步听听专业人员为我们介绍有关图书馆的知识。	温习已查找的关于图书馆的资料，并思考有什么需要学习的新知识。	让学生温习已自学的知识点，同时产生疑问：自己还有什么想了解的。带着疑问参观图书馆。
	分组。	教师根据学生人数组织自由分组并选定研究方向。	根据自己提出的问题自由组队。	提高团队合作能力。
	带领学生参观盐田区图书馆。	带领学生体验图书管理员的工作，并查找图书馆的防潮措施。	体验图书管理员的工作，并记录图书馆的防潮措施。	训练学生的观察能力和资料整合能力。

（续表）

环节	教学内容	教师组织和引导	学生活动	教学意图
参观盐田区图书馆，收集相关信息	引导学生寻求问题的答案。	邀请气象局环境湿度监测的专家与学生分享防潮的相关知识，鼓励各研究小组根据自己的研究进行自由提问。	在整个参观过程中，以小组为单位进行活动，根据各自不同的研究方向和资料收集表的提示，完成资料的收集整理工作。	训练学生的口头表达能力，提高学生的探究精神。
	邀请盐田区图书馆管理员做讲座。	邀请盐田区图书馆管理员做关于防潮技术处理的分享。	在讲座的过程中，学生记录图书馆的湿度预警系统，以小组为单位体验常见的图书馆防潮技术。	增加学生对防潮技术的了解。

操作难点解析：
　　学生分组探究时，对提出的问题要进行列举和补充；对防潮原理要进行了解与消化。
备注：
　　1. 在参观之前，让学生带着问题，带着本子和笔去参观。
　　2. 强调参观的秩序和纪律，做到文明参观。

三、科学探究（建议 2 课时）

（一）本课主要内容

在本课中，学生将进一步就湿度对书籍的影响进行重点探究，通过对核心知识——水的蒸发、空气湿度的测量以及湿度计的使用等的探究学习，找到不同湿度对书籍的影响，用湿度传感器改良湿度计，为工程制作打下基础。

（二）教学目标

1. 通过对大型图书馆的参观学习，激发学生对潮湿现象的思考。

2. 通过查阅资料，了解湿度的相关知识，提高学生收集和整理信息的能力。

3. 引导学生了解传统湿度计的工作原理和使用方法，比较多种湿度计的优缺点。

4. 培养学生在改良湿度计过程中发现问题、提出问题、分析问题、解决问题的能力。

5.培养学生在改良湿度计的过程中跨学科整合的能力，如物理、化学和生物等学科的综合能力。

6.鼓励学生在"做中学、学中做"培养其学习素养、信息素养、创新素养、生活素养。

（三）教学实施的程序

环节	教学内容	教师组织和引导	学生活动	教学意图
查阅资料：湿度及市面上的湿度测量仪	查阅资料，填写导学案。	指导学生上网查阅资料，提醒学生做好图片、文字记录。	上网查阅资料。	让学生学会检索资料，了解湿度的定义、测量湿度的仪器和湿度对书籍的影响。
	引导学生归纳汇总查阅的资料。	教师提问湿度的定义、测量湿度的常用仪器，引导小组讨论云海学校的湿度对书籍的影响，并汇总归纳。	学生讨论后，归纳出湿度是影响书籍发霉的关键因素。在云海学校，由于湿度过大，书籍很容易发霉。	培养学生整理资料的习惯。
	操作难点解析： 　　让学生针对湿度对书籍的影响这个问题归纳汇总。			
课堂探索：湿度对书籍的影响	调查湿度如何影响书籍。	带领学生设计问卷，引导学生探究湿度对书籍的影响。	参与问卷设计过程，到学校附近（学校附近小气候几乎和校园小气候一致）派发并回收问卷，处理问卷。	让学生了解如何设计一份具有信度和效度的问卷，学会处理问卷，知道什么是有效问卷和无效问卷。
	总结探究。	引导学生总结出低湿度、高湿度的优缺点，以及最适宜保存书籍的湿度范围。	参与小组讨论，归纳汇总，制作表格。	培养学生严谨的科学态度及探究事物的科学方法。
	数据分析。	引导学生进行探究，得出结论。	分析得出湿度是影响书籍发霉的关键因素，过高的湿度会造成书籍发霉，只有适宜的湿度才能长期保存书籍。	学会分析问题，得出结论。
	操作难点解析： 　　制作问卷，处理问卷。			

（续表）

环节	教学内容	教师组织和引导	学生活动	教学意图
小组讨论：如何测量出环境湿度	引导学生提出问题。	引导小组讨论测量环境湿度的方法和原理是什么，如何更好地测量环境湿度。	学生讨论，提出： 1. 环境湿度监测器测出的是绝对湿度，是一定体积的空气中含有的水蒸气的质量（单位是克/立方米），其操作简便，结果准确。 2. 传统的湿度计存在一些不足，需要改良。	培养学生分析问题、解决问题的能力。
	操作难点解析： 理解测量环境湿度的方法和原理。			
	小组讨论：传统湿度计存在哪些不足，如何改良？	教师引导小组讨论、小结、补充。	学生总结出传统湿度计需要对温度测值换算才能得到相对湿度值，不直观。同时，在使用传统湿度计的过程中，水分会不断蒸发，纱布也会逐渐结垢，需要定期换水、换纱布。因此，我们有必要设计和制作新的湿度计来代替传统的湿度计。可以使用传感器改进。	培养学生严谨的科学态度及探究事物的科学方法。
	操作难点解析： 总结传统湿度计的不足并提出改良意见。			
小组讨论：传统湿度计改良	收集资料、进行实验，对比并制作产品以代替传统的湿度计。	教师引导学生从几个方面比较湿度传感器与干湿球的性能、电容式湿敏元件和电阻式湿敏元件的性能。	收集资料，制作表格并进行对比。	学会在科学探究中使用对比实验的方法。
	操作难点解析： 比较湿度传感器与干湿球的性能、电容式湿敏元件和电阻式湿敏元件的性能。			

（续表）

环节	教学内容	教师组织和引导	学生活动	教学意图
对比制作产品以代替传统的湿度计	确定方案。	教师小结、补充。	师生共同得出结论：在使用传统湿度计报告湿度时，常出现看错湿度表、因久未更换水和纱布而导致的误差，我们可利用信息技术，通过编程平台和湿度传感器（传感器将采用电容式湿敏元件），制作出环境湿度监测器。环境湿度监测器不仅方便报告湿度情况，还无须专人打理，同时还能在以后继续完善新功能。	体会解决问题时不断改进，不断迭代的精神。
	操作难点解析： 　确定改进方案。			
学生分享	回顾探究过程。	引导学生收集整理探究材料，分享探究心得，总结探究结果。	学生分享。	—
	操作难点解析： 　整理探究材料。			

附：科学探究步骤

资料收集表

主题名称：	非生物因素对纸张发霉生长速度的影响	
研究人员：		
班级：	研究时间：	
研究目标	找出影响霉菌生长的非生物因素，为书籍防霉提供思路。	
研究背景	放在图书馆某些特定地方的书本发霉了，我们发现这些地方都是潮湿阴暗的地方，于是我们推测湿度、温度、光照等非生物因素可能会影响纸张上霉菌的生长。	

（续表）

	影响霉菌生长的非生物因素						
研究内容	时间	1 号培养皿（室内）	2 号培养皿（冰箱内）	3 号培养皿（有光照）	4 号培养皿（无光照）	5 号培养皿（干燥剂）	6 号培养皿（有水分）
	第一天						
	第二天						
	第三天						
	第四天						
	第五天						
	第六天						
研究成果							
分学科教案 下载				实验结果 下载			

四、工程制作（建议 2 课时）

（一）本课主要内容

上课之前，学生已经通过实地调查探索、科学探究等环节了解到潮湿的环境是图书滋生霉菌的主要原因，从而产生了能否实时测量图书馆的环境湿度，并在环境中的湿度适宜霉菌生长时，能自动发送邮件信息提醒图书管理员的想法。基于已经学过的编程知识和激光切割机等技术，学生提出可以制作一个可视化的环境湿度监测装置。本课的教学目标是制作可以本地显示、云端监测、自动报警的图书馆环境湿度监测装置，预计需两个课时完成。教学环节包括以下六个部分：一是了解和掌握 CocoMod（主控模块、环境感应模块、屏幕模块、Wi-Fi 通信模块、转接模块）以及 CocoBlockly 的使用方法；二是小组合作，设计图书馆环境湿度监测装置的外观；三是构思方案，编程调试；四是收集材料，拼装模型；五是分享作品，交流心得；六是梳理总结，反思完善。

（二）教学目标

1.知识与技能

了解和掌握电子模块 CocoMod（主控模块、环境感应模块、屏幕模块、Wi-Fi 通信模块、转接模块等）和可视化编程平台 CocoBlockly 的使用条件和运用方法；了解 CocoBlockly 语言中程序设计的基本结构，掌握编程的方法和步骤，综合运用以上电子模块，实现既定的功能和应用；掌握环境感应模块收集环境数据的方法，以及屏幕模块显示环境数据的方法；掌握 Wi-Fi 通信模块与云服务平台的连接方法，以及数据传输方式。

2.过程与方法

在探究图书馆环境湿度监测装置实现的过程中，体验工程设计与制作的思路和方法；结合小组合作的形式，提高学生发现问题、提出问题和解决问题的能力，培养学生科学探索能力、创新实践能力、综合知识的运用能力，并增强团队合作的意识等。

3.情感态度与价值观

在工程制作的过程中，进行有条理地思考，充分感受编程技术与生活的联系，充分调动学生科学探究、创新制作的热情和积极性，体验智能技术改善生活、服务生活的魅力。

（三）教学实施的程序

环节	教学内容	教师组织和引导	学生活动	教学意图
创设情境，引入新知	在前面的探究中同学们发现，由于环境湿度的变化容易引发图书馆中霉菌滋生，为了保护同学们心爱的书籍，我们能否利用科技设计装置帮助我们自动检测空气中的湿度呢？	提出问题：如何才能时刻注意到图书馆的湿度状况，并且能直观读取数据，从而对发霉的条件进行一定的人工干预，使书籍发霉的可能性降低呢？我们可能需要用到什么器件呢？	学生思考如何对图书湿度进行实时监测。小组长发放需要学习的电子元件，包括主控模块、环境感应模块、屏幕模块、Wi-Fi 通信模块和连接线。	回顾课程主题，引导学生思考工程制作的目的以及如何设计方案，引出模块编程的学习。

（续表）

环节	教学内容	教师组织和引导	学生活动	教学意图
认识电子模块 Coco-Mod	理解和掌握电子模块 CocoMod（主控模块、环境感应模块、屏幕模块、Wi-Fi 通信模块等）。	讲授电子元器件的作用，以及演示电子元器件的连接方法。	听从教师讲解各种电子元器件的使用方法与注意事项，正确组装并使用相关模块。	了解工程制作所需的电子模块。
认识可视化编程平台 Coco-Blockly	理解和掌握可视化编程平台 Co-coBlockly 的使用条件和运用方法。	讲授及演示编程平台的使用。	听从教师讲解使用方法与注意事项，正确掌握编程平台的操作方法。	了解编程平台以及编程方法。
	操作难点解析： 　　学生第一次接触电子元器件以及 Wi-Fi、CocoCloud、IFTTT 的通信原理，需要教师多次示范和讲解。			
小组合作，设计外观	分小组设计图书馆环境湿度监测仪外观。	引导学生进行小组合作，明确分工，设计图书馆环境湿度监测装置的外观。	学生进行小组合作，约 5 个人为一组，讨论结果画在一张 A4 纸上。1 人负责画图，1 人负责和激光切割机老师沟通，1 人负责编程，1 人填写工程制作记录表，1 人负责上台交流展示。	明确工程制作原型外观。
构思方案，编程调试	分小组设计图书馆环境湿度监测仪功能。	组织学生进行讨论，设计图书馆环境湿度监测仪的功能。	按照作业纸上展示的步骤，小组讨论图书馆环境湿度监测仪的功能方案。	明确工程制作原型功能。
	根据设计方案，运用计算机编程，实现模型的功能。	讲解监测仪设计中涉及的逻辑关系以及重、难点。巡堂并引导，帮助学生攻破难点，理清编程逻辑和编程思路。	小组根据前面学习的 4 个核心元器件知识点的操作和认识，合作探究，梳理实现对应功能的思路，将程序按相应逻辑拼接在一起，编程调试。	利用所学知识实现图书馆环境湿度监测仪功能。
	操作难点解析： 　　注意避免材料和电子模块耗损。			

（续表）

环节	教学内容	教师组织和引导	学生活动	教学意图
收集材料，拼装模型	制作并安装监测仪外观。	巡堂并引导，辅助学生解决遇到的问题。	全组共同学习图书馆环境湿度监测仪的安装过程，使用激光切割好的组件进行电子模块拼接与安装，测试气象站模型，对模型外观进行优化。	实现仪器外壳的制作与安装。
	操作难点解析： 注意工程操作和工具使用的安全性。			
分享作品，交流心得	小组分享作品。	发布评分规则，组织学生有序分享。	小组分享作品，分享内容包括： 1. 基本信息：作品名称、小组成员的分工情况。 2. 功能演示。 3. 特色说明。 4. 遇到的困难及困难是如何解决的。 5. 存在的漏洞或问题，希望下一步如何优化等。	作品交流，学生可以在分享中取长补短，反思自己的作品。
梳理总结，反思完善	进行多维度课程评价。	记录学生的作品制作情况、展示情况以及综合表现。	学生代表在展示的过程中，其他学生开始填写互评表，所有小组展示完成后，上交互评表。全班投票选出"最佳创意作品""最美外观作品"和"最佳功能作品"。	从学生角度开展课程评价。

（续表）

环节	教学内容	教师组织和引导	学生活动	教学意图
梳理总结，反思完善	回顾学习过程，进行总结与反思。	教师总结，梳理本节课所获所得。	各组听了其他小组的分享后，如有启发继续完善本组作品。针对测试气象站运行状况，对程式进行优化和改进。	总结与反思，从教师角度开展评价。
	操作难点解析： 　注意评分规则的细节讲解，评价体系需要量化。			
	照片下载			

五、汇报展示（建议 1 课时）

（一）本课主要内容

　　通过前面的学习，同学们发现了湿度是造成书籍发霉的主要原因，并且为了能够更好地监测图书馆湿度的变化，制作了图书馆环境湿度监测装置。本课就让我们通过舞台剧《向新同学介绍云海图书馆》来展示我们制作的图书馆环境湿度监测装置。

（二）教学目标

　　1. 学生能够现场展示图书馆环境湿度监测装置，并讲解其工作原理。

　　2. 学生能够在汇报过程中锻炼语言表达能力，增强团队合作的意识。

（三）教学实施的程序

环节	教学内容	教师组织和引导	学生活动	教学意图
导入环节	1. 通过视频，介绍我校 STEM 项目开展情况。 2. 展示过程性资料与各环节的评价量表。	收集整理项目进行过程中同学们掌握的一手资料，如实地考察的照片与视频，探究记录与观察笔记，学习过程中的收获与思考等。	实地考察，记录数据和第一手资料。	回顾整个项目的开展过程，让学生反思自己的学习流程是否符合 STEM 的学习理念。

（续表）

环节	教学内容	教师组织和引导	学生活动	教学意图
展示汇报	1. 表演舞台剧《向新同学介绍云海图书馆》。 2. 组织学生分享开展项目的过程与收获。	组织学生排练舞台剧。	1. 学生分享在设计及制作过程中遇到的困难，以及困难是如何解决的。 2. 现场展示和介绍作品。 3. 表演舞台剧。	通过舞台剧的展演形式锻炼学生的表达与团队合作能力。
总结	1. 教师总结项目实施过程中遇到的问题与收获。 2. 阐述 STEM 教学在我校是如何开展的。	分享汇报。	学生聆听。	通过 STEM 教育提高了学生学习的主动性及兴趣，同时也提升了学生解决问题的能力。
查看汇报 PPT				

六、评价反思（建议 1 课时）

（一）本课主要内容

经过前面的学习，学生基于实地探索，提出问题，最终接受了任务——制作图书馆环境湿度监测装置，并且在设计和制作过程中对产品不断地进行优化和更新。本课学生将自己做的环境湿度监测仪带上舞台，对自己的学习过程和产品围绕评价量表进行评价反思。

（二）教学目标

1. 学生能够独立自主地使用图书馆环境湿度监测装置。

2. 学生能够在汇报过程中锻炼语言表达能力，增强团队合作的意识。

3. 学生能够在整理资料时培养信息整合能力。

（三）教学实施的程序

环节	教学内容	教师组织和引导	学生活动	教学意图
回顾过程，导入新课	作为学校的小主人，每个同学都想为学校变得更美丽做出自己的一份贡献！	同学们确定了任务之后，成立了各小组。每个小组根据教师的评价量表开始查找资料。我们还去了盐田区图书馆进行了实地考察。教师看到同学们设计的一张张图纸，心里很高兴。特别是同学们还对设计好的图书馆环境湿度监测装置进行不断地改进。那么今天就把你们的图书馆环境湿度监测装置拿出来进行实时监测，并向同学们汇报展示吧！	回顾课程，准备展示。	回顾过程，导入新课。
	操作难点解析： 本环节主要回顾学习过程，让学生清晰整个项目的流程。			
出示评价量表，学生汇报	出示终结性评价量表，学生围绕量表进行展示。	各组带着图书馆环境湿度监测装置移步到图书馆，教师引导学生进行实时监测演示，学生在操作中进行汇报。	在汇报过程中，学生带齐过程性记录资料，并在汇报过程中和产品一并进行展示。	锻炼学生的口头表达能力。
	操作难点解析： 组织好教学秩序。			
多种评价，完成量表	小组汇报后，教师鼓励其他小组提出问题并进行评价，汇报小组对问题给予解答。以教师评价、小组互评、组员自评等多种评价方式完成此环节。	教师利用问题引导学生进行深入思考。	对其他小组进行评价和提问。	培养学生倾听的习惯和学会提建议。
	操作难点解析： 学生在倾听中要学会归纳问题、提出问题。			

（续表）

环节	教学内容	教师组织和引导	学生活动	教学意图
总结反思与改进	全部小组完成汇报反思后，教师组织学生讨论。	回顾项目式学习的学习过程，总结你在过程中的收获与反思。	请各组在完成终结性评价量表后，对每个小组的分数进行统计，并评选出前三名的小组。	增强数据分析能力，培养创新思维能力和探究性思维能力。
操作难点解析： 进行多维度的评价。				
查看学生反思内容				

七、课程反思

在积极有效的学习和实践中，云海学校的学生们在一段时间内通过对真实、有挑战性的问题进行持续探究，达到对核心知识的再建构与思维迁移，成功打赢了第一场"图书馆保卫战"。看到学生们在学习和探究过程中收获的知识、乐趣以及成就，作为教师的我们，也为学生们在不断解决问题的过程中展现的学习力、行动力以及创造力而感到高兴。

本项目以项目式学习设计框架为理论基础，在课程的设计与实施过程中，将身体健康、学习能力、学习品质三项学习基础素养指标融入项目式学习实践里，成为学习者在项目式学习中必然要经历的探究性实践、调控性实践和社会性实践的组成部分。核心素养在这样的实践中被践行与内化。

在参与项目式学习的过程中，通过创设情境，各学科知识被激活，同学们联系生活发现问题、提出问题、利用各学科知识解决问题，引发工艺动机，展示学习成果，他们面对真实世界、面对新知识、面对多样化挑战。在这个看似稀松平常的学习过程中，学生原有的经验和知识在解决实际问题和完成任务中得到应用，更重要的是，在这一过程中，学生的知识得以重组和改造，形成新的知识（建构主义理论）。他们有空间发挥自己的专长，通过利用自己的优势来完成各自承担的任务，个性得到了极大的张扬（多元智能理论）。同时，项目式学习发生在具体的活动"图书馆保卫战"当中，以学生为主体，通过活动来对学生的经验进行加工，从而他们能主动建构自己的新知识（实用主义理论）。在项目式学习中，学生在解决实际问题中形成的学习能力，也将有益于学生的终身学习（终身学习理论）。

　　教育需要在 21 世纪发生改变，今天的世界要求学生在学校获得比传统的学术知识更多的东西，他们需要学习如何解决问题，如何创造性地思考，如何在协作团队中工作，如何进行项目管理等其他适用于 21 世纪的技能、思维方式和工作方式。云海学校作为"中国 STEM 教育 2029 行动计划领航学校"，也正在以课程改革中的学习质量标准、核心素养为导向，以项目式学习作为校本课程实施的载体打造未来型学校、培养未来型人才。

　　作为教师，我们很期待"图书馆保卫战"的续集，期待项目式学习模式在云海学校的扎根生长，更加期待更多的学生在参与和创造中成为心智自由的学习者。

附：活动图片展示

梳理知识体系

学习编程

监测装置初级产品

分享反思

改进产品

参观盐田区图书馆

第二节　社区游乐设施安全提升

——以制作秋千的"保护罩"为例 *

课程背景与目标

　　盐田区外国语小学的校训是"思于广大，行于精细"，办学理念是"行思教育"，育人目标是"培养走向世界的行思少年"。因此，本校提出了"行思学堂"项目式学习，特色重在"行思"：学生行走于校园内外，在打造的社区资源圈内，小脚丫，看世界，在行走中思考，在思考中开展研究，与社区进行有效联结。注重项目式学习的生成性，所有的探究问题源于真实的生活情境，这成为本校项目式学习的一大特点。

　　不同年级有不同的项目式学习主题，四年级的项目式学习主题是"建设最美海滨城区，我给区政府提建议"。四年级的学生在行走过程中，在壹海城游乐场发现游乐设施存在很多安全隐患。

　　秋千是孩子们都喜欢和关注的游乐设施，但秋千是否存在着一些安全隐患呢？孩子们通过"发现问题—提出问题—聚焦问题—分析问题—解决问题—工程设计—测试优化—学习展示—评价反思"的项目式学习流程后，学会了相关的研究方法，学会了运用批判性思维等相关的思维工具，培养了自主学习和探究精神，更能真实地了解自己的家乡，增强主人翁意识。

课程领域

　　工程、数学、语文、英语、美术、科学

建议年级

　　四年级

---

　　* 本案例由深圳市盐田区外国语小学提供，徐珣、王兰、李璐、温佳媚、苏漫娜共同执笔。项目组主要成员有徐珣、王兰、李璐、温佳媚、苏漫娜、彭浩怀、陈柳好、曲聪、向一慧等。

建议课时

9 课时

教学过程

一、情境导入（建议 2 课时）

（一）本课主要内容

提起游乐园，同学们一般都不陌生，其中壹海城游乐场的游乐设施里，深受孩子青睐的项目有秋千、攀爬网、圆形转盘、斜面滑梯、跷跷板等，它们带给孩子们既刺激又好玩的活动体验。但是在刺激好玩的同时，这些游乐设施又具有一定的危险性，因此，我们需要采取一系列的安全措施来保障游乐者的安全。在本课中，同学们通过观察自己平时熟悉的壹海城游乐场的游乐设施项目，思考其所存在的安全隐患，并通过头脑风暴决定研究哪个项目，针对这个项目提出问题，并尝试聚焦要研究的问题。

（二）教学目标

1. 通过观察了解壹海城游乐场里的各种游乐设施，同学们发现这些游乐设施存在着各种安全隐患，并做好记录。

2. 尝试提出感兴趣的项目，小组讨论研究哪一个项目，比如秋千，针对这个项目，提出相关问题。

3. 针对相关问题，尝试聚焦要研究的问题。

（三）教学实施的程序

环节	教学内容	教师组织和引导	学生活动	教学意图
初识游乐设施可能存在的安全隐患	教师给学生播放游乐设施相关的图片、视频。	游乐园是我们喜欢的地方，那里有许多好玩的游乐设施，但是大家有没有想过，这背后也隐藏着很多的危险。	结合自身生活经验，初步了解游乐设施存在的安全隐患。	让学生产生研究游乐设施的兴趣。

（续表）

环节	教学内容	教师组织和引导	学生活动	教学意图
初识游乐设施可能存在的安全隐患	提出问题：壹海城游乐设施可能会存在哪些安全隐患？	抛出问题，引发学生的思考：在玩耍的过程中需要遵循怎样的规则？这背后又有哪些安全注意事项呢？让我们仔细观察，并记录下我们平时没有发现的一面。	思考讨论，结合经验，提出问题。	提问引发学生思考，并引发学生自主学习的意识。
	布置作业：查找与游乐设施安全相关的资料。	抛出问题：你们还想了解有关游乐设施安全的哪些信息？为什么？	结合课堂所产生的疑问和自身兴趣，查找相关资料。	锻炼学生收集资料的能力。
带领学生实地考察壹海城游乐场的游乐设施	回顾上一环节的内容，并导入本环节。	引导：通过查找资料，你们对游乐设施的安全有什么疑问呢？今天就让我们一同到壹海城游乐场对游乐设施进行实地考察吧。	学生成立小组到实地进行考察。	实地考察是开展研究的一种有效的方法。
	师生共同到壹海城游乐场进行考察。	教师提前出示小组合作评价量规，现场巡视指导。	在游乐园内对不同的区域、游乐设施进行观察，并记录（观察笔记，可以采用数据、文字摘抄、描述、照片等形式，附记录表可供参考）。	培养学生的观察能力和资料整合能力。
	引导学生整理记录。	组织小组原地坐下，并引导组员交流自己的发现。	实地考察之后，小组汇总组员记录的游乐场内的各种游乐设施存在的安全隐患，并根据实际情况进行补充。	训练学生的口头表达能力，提高学生的探究精神。

操作难点解析：
　　由于外出实地考察涉及学生人身安全，必要的话可安排家长做义工进行协助。
备注：
　　1. 在参观之前，让学生带着问题，带着本子和笔去实地考察。
　　2. 强调参观的秩序和纪律，做到文明参观。

（续表）

环节	教学内容	教师组织和引导	学生活动	教学意图
讨论会	发现问题。	抛出问题，引发学生思考，如：你认为壹海城游乐场的游乐设施存在哪些安全隐患？教师出示聚焦问题的评价量规。	学生综合自己了解到的信息，进行重新整理、表达。	鼓励学生自己思考，并学会整理所收集的资料，运用合适的语言表达出来。
	聚焦项目（如秋千）。	指导学生讨论决定小组最想要研究的项目，如对研究秋千更感兴趣。	学生展开讨论，表达观点，达成共识。	培养学生团队合作能力和口头表达能力。
	提出问题，聚焦问题。	引导学生根据想要研究的项目，提出想要研究的问题。教师指导学生讨论并聚焦问题。	学生进一步头脑风暴，针对项目提出想要研究的问题，同时对问题进行聚焦。	培养学生的发散思维能力和聚焦思维能力。

操作难点解析:
　　学生会发现很多问题，也会提出很多问题，但如何对问题进行聚焦，这就需要指导教师的引领。教师需要引导学生聚焦如何从本质上解决问题。

课件下载		记录表下载	

二、职业体验（建议 1 课时）

（一）本课主要内容

　　本课主要的学习内容是让学生了解游乐设施——秋千的设计和维护过程，提高动手实践能力，体验工匠精神。

　　课程主要分为三个部分：一是通过互联网或书籍查找秋千的历史起源、秋千的结构、秋千是如何进行设计的等，激发学生探索的兴趣；二是现场采访壹海城游乐场安全维护的工作人员，并体验与游乐场安全维护的相关工作内容，思考这个职业及其相关职业在社会中的责任和贡献，尊重每一种职业；三是通过小组讨论，提炼出判定秋千存在的安全隐患的科学依据，锻炼学生分析问题的能力和自学能力。

（二）教学目标

1.通过互联网或书籍查找秋千的历史起源、秋千的结构、秋千是如何进行设计的等，激发学生探索的兴趣。

2.现场采访壹海城游乐场安全维护的工作人员，并体验与游乐场安全维护相关的工作内容，增强学生的职业体验和社会责任感。

3.通过小组讨论，提炼出判定秋千存在安全隐患的科学依据，锻炼学生分析问题的能力和自学能力。

（三）教学实施的程序

环节	教学内容	教师组织和引导	学生活动	教学意图
假如我是一名游乐设施维护人员	分享查阅资料。	引导学生分享自己所查阅的资料。	小组内做好分享，并讨论出采访游乐设施安全维护工作人员的问题。	激发学生探索的兴趣，培养孩子提问的意识。
	职业体验。	再次组织孩子去壹海城游乐场。	现场采访壹海城游乐场安全维护的工作人员，并体验与游乐场安全维护相关的工作内容。	通过采访能有效加强学生与社会人士交流的能力，同时学生通过职业体验，能深刻体会到社会责任感。
	分析问题。	抛出问题：荡秋千存在的安全隐患，这些安全隐患与什么因素有关？	针对问题，学生通过小组讨论、查阅资料等进行深入分析。	锻炼学生分析问题的能力，培养学生深度学习的能力以及批判性思维。

操作难点解析：

分析问题是解决问题的关键，如何透过问题的现象探究其存在的本质，是进行研究的开始，也是培养学生深度学习的能力。

三、科学探究（建议 2 课时）

（一）本课主要内容

壹海城游乐场里有秋千、斜面滑梯、跷跷板、圆形转盘等游乐设施，这些游乐设施都是同学们平日里喜欢玩的，秋千、斜面滑梯、圆形转盘等涉及一些基础的物理知识以及机械原理。

以荡秋千为例，通过科学探究实验，能初步探究荡秋千与哪些物理知识有关。新闻里时常有关于小区内的小孩荡秋千时出现安全事故，同学们将通过调查探究荡秋千存在的安全隐患，思考这些安全隐患与什么因素有关，如何提高荡秋千的安全性。

（二）教学目标

1. 通过回忆荡秋千的体验经历，能明白荡秋千是一种简单的单摆运动。

2. 主动探究"荡秋千的次数与什么有关"，通过科学探究实验，知道摆动的快慢与摆线长度有关。

3. 尝试通过小组讨论、网上查阅资料等方法，记录并分析荡秋千存在的安全隐患。

4. 尝试动手设计实验，探究荡秋千存在的安全隐患与哪些因素有关。

5. 在科学探究活动中培养自身发现问题、提出问题、分析问题和解决问题的能力。

6. 在系列活动中，经历"猜想—实验—验证"的研究过程，获得初步的科学探究方法，得出合理的结论。

7. 在系列活动中，获得一些初步的数学活动经验；体会数学在解决实际问题中的作用，培养对数学的兴趣。

（三）教学实施的程序

环节	教学内容	教师组织和引导	学生活动	教学意图
问题导入	确定探究因素。	通过之前观察发现在荡秋千的过程中存在的安全隐患（站在座椅上、从座椅上滑落跌倒、与行人相撞）与哪些因素有关。	学生思考并进行小组讨论。预设： 1. 改变人的重心（人站在秋千的椅子上与坐着，重心不同）。 2. 秋千椅的材质（不同材质产生的摩擦力是否不同）。 3. 人在荡秋千时会产生撞击力（即加速度）……	激发学生思考：荡秋千存在安全隐患背后隐藏的科学原理。

（续表）

环节	教学内容	教师组织和引导	学生活动	教学意图
问题导入	引导学生提出问题。	教师出示图片：同学们，请看图片，1号、2号、3号三个小朋友正在荡秋千，仔细观察，你发现了什么？	学生讨论，提出预设：1. 秋千绳子的长短不一样。2. 三个小朋友的体重不一样。……	培养学生深入思考的习惯。
实验探索：单摆实验	探究荡秋千的次数与哪些因素有关。	教师提问：看来不少同学都有自己的想法，荡秋千可能跟人的体重、秋千绳子的长短等有关。那我们可以如何设计科学实验来验证自己的猜想呢？（注意引导学生思考控制变量的实验方法。）	学生讨论设计实验，并分组开展实验，做好记录。	荡秋千是物理学中的单摆现象，具有一定的科学性。在研究中，可以先引发学生猜想，引导学生经历"猜想—实验—验证"的科学研究过程，在研究过程中体验研究问题的科学方法。
	研讨交流。	教师提问：通过实验，你们得到了什么结论？	全班分享。	这一环节主要以实验操作为主线，引导学生经历实验过程，通过制订方案、小组实验操作、合作探究、总结交流，引导学生交流发现，得出结论。
	提出问题。	在游乐场上，我们常常能看到有些小朋友站着荡秋千，因为他们觉得这样很酷，而且感觉荡得很快。但是，站着荡秋千，我们看着都觉得很危险，感觉很容易从秋千上掉下来。到底站着荡秋千和坐着荡秋千哪里不一样呢？	学生思考，并回答。预设：重心不一样。	培养学生严谨的科学态度及探究事物的科学方法。

（续表）

环节	教学内容	教师组织和引导	学生活动	教学意图
实验探索：单摆实验	探究摆锤重心与摆动快慢的关系。	教师讲解重心的概念，并引导学生思考如何设计实验验证猜想。	学生讨论设计实验，并开展实验。	在这一过程中，给予学生充足的研究时间，并给予一定的指导。学生学习的过程是感知的过程，更是体验的过程、感悟的过程。
	研讨交流。	教师提问：通过实验你们得到了什么结论？	全班分享。	这一环节主要以实验操作为主线，引导学生经历实验过程，通过制订方案、小组实验操作、合作探究、总结交流，引导学生交流发现，得出结论。
实验探索：摩擦力实验	提出问题。	教师提问：我们发现很多秋千椅的材质不一样，有的是光滑的木板做的，有的是橡胶做的，有的是塑料做的，还有的是布料做的，如果秋千椅很光滑，小朋友在荡秋千的时候会不会滑倒呢？	学生思考并回答。预设：不同材质的表面摩擦力不同……	培养学生深入思考的习惯。
	探究摩擦力大小是否与物体表面光滑程度有关。	教师讲解摩擦力的概念，并引导学生思考如何设计实验来验证猜想。	学生讨论设计实验，并开展实验。	大部分学生都能感知摩擦力与物体表面的光滑程度有关，但经历"猜想—实验—验证"的探究过程更能帮助学生学会用事实说话。

附：科学探究步骤

（一）科学探究实验（"摆的研究"实验）

1. 分组实验

（1）小组分工合作，一人操作，单个摆动；一人数数，一人计时，还有一人负责将信息记录在表格里。（也可三人操作，同时摆动；三人数数，一人计时，还有一人负责将信息记录在表格里。）

（2）摆动物体时，从 45 度角开始。物体从起始点摆动到对面再回到起始点为一次。

（3）可重复三遍，记录居中数据。

（4）建议相同时间设定为 10 秒、15 秒或 20 秒。

（5）小组合作完成实验记录单。

（6）注意安全。

2. 完成实验记录单（一）

研究目标	研究物体摆动的次数与绳长的关系		
时间	（　　）秒		
质量	摆锤重量都是（　　）克		
绳长	短（　　）厘米	中（　　）厘米	长（　　）厘米
次数			
平均值			
结论	我们发现，物体摆动的次数与绳长的关系是：在相同时间内，物体摆动的次数与绳长（有关/无关）。		

3. 完成实验记录单（二）

研究目标	研究物体摆动的次数与物体质量的关系		
时间	（　　）秒		
绳长	都是（　　）厘米		
质量	轻（　　）克	中（　　）克	重（　　）克
次数			
平均值			
结论	我们发现，物体摆动的次数与物体质量大小的关系是：在相同时间内，物体摆动的次数与质量（有关/无关）。		

4. 全班交流

交流：通过实验你们得到了什么结论？

小结：通过这两个实验，我们可以得出这样的结论——在相同的时间内，物体摆动的次数与物体的质量无关，与绳长有关。那么，物体摆动的次数与绳长有怎样的关系呢？

预设：绳越短摆动的次数就越多，绳越长摆动的次数就越少。

（二）秋千安全范围的测算

秋千摆动过程的轨迹是一定的，假设行人的最大身高为 2 米，那么行人与正在摆动的秋千相撞应有个临界值，从而区分安全范围和非安全区域。老师指导学生按照等比例缩小的秋千模型，测算出安全范围。

（三）调查及网上查阅资料

概　念	解　释
失　重	物体在引力场中自由运动时有质量而不表现重量或重量较小的一种状态，又称零重力。失重有时泛指零重力和微重力环境。确切地讲，当加速度竖直向下时为失重状态。
超　重	超重是物体所受限制力，也可称之为弹力（拉力或支持力）大于物体所受重力的现象。当物体做向上加速运动或向下减速运动时，物体均处于超重状态，即不管物体如何运动，只要具有向上的加速度，物体就处于超重状态。超重现象在发射航天器时更是常见，所有航天器及其中的宇航员在刚开始加速上升的阶段都处于超重状态。

（续表）

概　念	解　　释
离心力	离心力是一种虚拟力，是一种惯性力，它使旋转的物体远离它的旋转中心。在牛顿力学里，离心力曾被用于表述两个不同的概念：在一个非惯性参考系下观测到的一种惯性力，以及向心力的平衡。
肾上腺素	是由人体分泌出的一种激素。当人经历某些刺激（例如兴奋、恐惧、紧张等）时能分泌出这种化学物质，能让人呼吸加快（提供大量氧气），心跳与血液流动加速，瞳孔放大，为身体活动提供更多能量，反应更加快速。

（四）探究摆锤重心与摆动快慢的影响

1. 重心

一个物体的各部分都要受到重力的作用。从效果上看，我们可以认为各部分受到的重力作用集中于一点，这一点叫作物体的重心。站着荡秋千和坐着荡秋千，人的重心会发生改变。

2. 探究摆锤重心与摆动快慢的影响

完成实验记录单

研究目标	研究摆锤摆动的次数与摆锤重心的关系		
时　间	（　　）秒		
摆长长度	都是（　　）厘米		
摆锤重量	（　　）克		
改变的位置	摆锤重心		
实验方法	把金属圆片分别固定在离固定点的距离为 10 厘米、20 厘米、30 厘米的木条上，依次测量在相同时间内的摆锤摆动的次数，比较三个摆锤摆动的快慢。		
离固定点距离	10 厘米	20 厘米	30 厘米
第一次			
第二次			
第三次			
结　论	我们发现，摆锤摆动的快慢与摆锤重心有关。摆锤重心离固定点距离越近，摆动得越快。		

（五）探究摩擦力大小与材料表面光滑程度的关系

1. 摩擦力：阻碍物体相对运动（或相对运动趋势）的力叫作摩擦力。摩擦力的方向与物体相对运动（或相对运动趋势）的方向相反。

2. 探究摩擦力大小与接触面光滑程度的关系

实验器材：弹簧测力计、木板、毛巾、小车、钩码

要改变的条件 （接触面光滑程度）	不改变的条件	摩擦力的大小 （单位：牛顿）
木　板		
毛　巾	物体的重量（钩码数）、拉动的速度……	
橡胶片		
塑料片		
 （科学探究图片）	 （摩擦力实验下载）	 （单摆实验下载）

四、工程制作（建议 3 课时）

制作秋千模型

（一）本课主要内容

学生对解决问题的方法展开头脑风暴，教师引导学生学会以工程设计思维来解决问题。学生画草图，并修改设计图，选择合适的材料开始制作秋千模型。

（二）教学目标

1. 让学生发散思维，能结合生活经验提出解决问题的方法。

2. 让学生学会运用工程设计思维开展工程制作部分。

3. 学生能够运用合适的材料制作秋千模型。

4. 学生在制作过程中提高动手能力、问题解决能力、创新实践能力、知识的综合运用能力，并增强团队合作的意识。

（三）教学实施的程序

环节	教学内容	教师组织和引导	学生活动	教学意图
思考如何解决问题	回顾科学探究相关知识，尝试提出解决问题的方法。	我们已经科学验证了站在座椅上比坐在座椅上荡秋千更危险，并且计算出了荡秋千时，与行人发生相撞的空间范围。那么我们能做些什么（采取哪些安全防护措施）以减少事故的发生呢？	学生小组讨论并回答。预设：可以设置一个安全区，可以加装一些红外线传感器，可以加装一个摄像头，可以设计一个海绵池等。	基于科学探究的内容，激发学生提出更科学的解决方法。
画设计图，制作秋千模型	绘制草图。	教师引导，绘制设计图是工程开始前必要的步骤，其中教师需出示工程设计的评价量规，强调设计图需要包含如尺寸、材料、标注、比例等。	小组根据讨论的解决方法开始尝试绘制草图。	设计是工程思维的重要环节。
	修改设计图。	教师引导学生思考，设计图存在的制约因素，如难以实现或不切实际的设计。	学生讨论思考，结合实际情况修改设计图。	识别设计过程中的制约因素是培养学生批判性思维的重要过程。
	根据设计图，选择合适的材料，制作秋千模型。	同学们，现在请你们根据自己的设计草图，选择合适的材料，开始制作秋千模型，遇到难题时可以先通过小组讨论探究来解决问题。	学生独立制作，遇到难题时小组合作共同解决问题。	增强学生的动手操作能力、创新思维能力、探究精神和合作能力。

操作难点解析：
　　引导学生画出标准的设计图，思考并识别制约因素是工程设计思维培养的重要途径。

（图片下载）

制作秋千安全装置

（一）本课主要内容

围绕"如何避免发生安全事故"，引导学生思考识别危险情况的方法，并用科学探究发现和归纳的规律、原理，使用电子元器件，通过电子编程，设计并制作荡秋千时的安全警报装置。

（二）教学目标

1. 学生能够明白超声波距离传感器的工作原理。

2. 学生能够正确使用电子模块 CocoMod（主控模块、教学模块、转接模块）和超声波距离传感器。

3. 学生能够熟悉可视化编程工具 CocoBlockly 的界面和基本操作方法，并掌握所需的编程方法和步骤。

4. 学生能够科学合理地将警报装置安装到秋千模型上，并达到理想效果。

5. 学生在制作过程中提高动手能力、问题解决能力、创新实践能力、知识的综合运用能力，并增强团队合作的意识。

（三）教学实施的程序

环节	教学内容	教师组织和引导	学生活动	教学意图
认识并学习超声波距离传感器	提出驱动型问题。	当小朋友站着荡秋千时，是否发出警报？当行人靠近荡着的秋千时，如果超过安全范围，是否发出警报？如何识别小朋友是站在座椅上，还是坐在座椅上？如何识别行人是否超过了安全范围？	分组讨论交流、归纳并记录可以采取的安全防护措施、确定是否安全的判断条件。	引导学生感知超声波传感器的使用可以有效帮助他们解决问题。
	认识超声波距离传感器、学习电子模块。	引入并介绍超声波距离传感器原理。	学习主控模块、教学模块、转接模块的功能和拼接方法，并进行简单的实践练习。	认识超声波距离传感器。

（续表）

环节	教学内容	教师组织和引导	学生活动	教学意图
认识并学习超声波距离传感器	学习CocoBlo-ckly编程工具。	讲授超声波传感器程序编写。	学习 CocoBlockly 编程工具的使用，并进行以下编程练习： 1. 教学模块蜂鸣器声音频率变化、教学模块 LED 灯颜色变化。 2. 打印超声波距离传感器所测距离。 3. 变量的设置与调用。 4. 练习"如果……执行……否则……"逻辑判断语言。	学习超声波距离传感器的编程。
操作难点解析：				
超声波的编程较难，不同接口的对接较为复杂，教师需要做好详细讲解工作。				
制作秋千安全装置	制作秋千安全装置。	讲解如何将超声波距离传感器连接至秋千模型。	秋千安全装置的模块拼接和超声波距离传感器连接、编程与安装。	正确使用超声波传感器的电子模块。
	测试与优化。	引导学生知道测试以及优化是工程设计的重要步骤。	学生对秋千安全装置进行测试及优化。	测试以及优化是工程设计的重要步骤。
	深度学习软件。	讲解深度学习软件的使用。	使用深度学习软件识别荡秋千的错误姿势。	进一步优化秋千安全装置。
（图片下载）		（深度学习视频下载）		（超声波传感器视频下载）

五、汇报反思（建议 1 课时）

（一）本课主要内容

经过前五部分的学习，学生经历了"发现问题—提出问题—聚焦问题—分析问题—解决问题—工程设计—测试优化—学习展示—评价反思"的项目式学习流程，这节课学生将自己做的"智能秋千"进行展示，并对自己在本次项目式学习中的学习收获和反思进行汇报。

（二）教学目标

1.学生能够现场演示"智能秋千"，讲解秋千"保护罩"的作用。

2.学生能够在汇报过程中锻炼语言表达能力，增强团队合作的意识。

3.学生能在反思评价中积极聆听，并提升自我反思的能力。

（三）教学实施的程序

环节	教师组织和引导	学生活动	设计意图
导入	1.介绍我校项目式学习开展情况。 2.介绍不同年级有不同的项目式学习主题，其中本次项目式学习的分享源于"我给区政府提建议"的主题。 3.出示过程性及终结性评价量规。	回顾从"发现问题—提出问题—聚焦问题—分析问题—解决问题—工程设计"的 STEM 探究经历。	通过回顾前面所学内容，学生反思自己的学习流程是否符合项目式学习及 STEM 学习理念，反思自身的学习行为是否规范。
展示	引导学生分享在工程设计中遇到的困难及如何想办法解决困难。	1.学生分享在设计及制作过程中遇到的困难，并且谈谈自身是如何解决的。 2.现场展示和介绍作品。 3.给区政府提出合理的建议。	工程的关键在于设计，反复设计以及反复测试是培养工程设计思维的核心所在。通过展示，检验学生的作品是否成功，同时培养学生的表达能力。
汇报反思	教师自身进行反思，组织学生进行反思和互评。	学生在经历整个活动后，总结自己的收获以及不足，对其他组员进行评价。	勤于反思有助于学生的成长，这也是我校项目式学习的总培养目标之一。
总结	教师总结项目实施中的问题与收获，阐述 STEM 教学如何落实。	学生聆听。	通过 STEM 教育能提高学生学习的主动性及兴趣，同时能提升学生解决问题的能力。
（课件下载）		（图片下载）	

六、课程反思

（一）学会不断创新教学模式，变"坐中学"为"行中学"。

盐田区外国语小学结合 STEM 教育方式和理念，研发出一套全新的德育活动课程体系——红领巾行思学堂。行思，源于盐外小校训"思于广大，行于精细"。课程体系结合了不同年级学生的年龄特点和学科知识目标，采用了项目式学习方式。四年级的项目式学习活动主题是"建设最美海滨城区，我给区政府提建议"。红领巾行思学堂让学生们走进校园、社区，发现问题并提出解决问题的方法，提升学生综合素养，加深对盐田的爱和关注，增强家国意识和公民意识。

（二）要充分相信孩子，把学习的主动权还给他们。

无法预设是课程的一大亮点，也是难点，课程只有大主题，每个小组、每个学生关注的问题，教师们都无法预判。像这次演示的"建设最美海滨城区，我给区政府提建议"，学生们一路走一路记，每个小脑袋都装着满满的问题，有些问题讨论后仍然无法聚焦。学校此时需要指导教师帮助学生对问题进行聚焦，并教导其如何运用批判性思维，如何分析问题等。

（三）培养学生解决问题的能力

STEM 学习讲究真实，知识来源于生活，又能运用到实际生活中去。对学生来说，身边的问题、生活的问题让他们更有主动思考和解决问题的动力。如本小组成员一起头脑风暴如何解决问题时，充分调动自身的生活经验和知识储备，学生们会想到使用海绵垫等各种方法来对荡秋千进行保护。

（四）要学会用发展的眼光看学生，要给学生提供足够的舞台。

为什么说这次 STEM 学习给学生提供了足够的舞台？在这里举个例子，罗同学，其实很害羞，但在这次项目式学习中，他那么认真主动地去记录自己的所看所想，那么努力地去完成小组内布置的任务，他像是找到了发挥自己的舞台一样绽放着自己，在这里，他的眼神是积极的。

（五）项目式学习需要深度融合相关的学科知识与技能目标。

任何与教学目标脱离的学习活动都是不成熟的、经不起推敲的，在项目式学习中，更加要注重对跨学科知识的整合。只有这样，项目式学习才能真正把学生从碎片化的学科知识中解救出来，才能真正实现学习的减负，否则无疑就是给学生增加负担。

（六）要提供给学生更多的研究方法。

本次 STEM 学习中，所体现的研究方法基本有以下几种：查阅资料法、观察法、科学实验法等，但这几种方法都是比较普遍的，而且有一些研究的问题亦不需要研究得太深，要结合学生的最近发展区和相应的认知水平。同时，还要教会学生更多的研究方法，要让孩子真正地像科学家一样提出科学的问题，开展科学的研究。

（七）擅用评价量表。

很多人都在说，如果放手让学生自己去学习，那岂不是乱糟糟的？其实并不是，如果给学生提供相应的评价量表，学生会按照里面的相关要求更好地规范自己的学习行为，比如今天的课堂展示，其实也有一个课堂展示的评价量表，这些都是提供给学生学习的工具，这些是促进学生主动学习、约束行为的重要手段。

附：活动图片展示

学生在记录壹海城游乐场的游乐　　　　学生在小组讨论，聚焦要研究的问题
设施存在的安全隐患

学生在做科学实验以更好地分析问题

学生在制作秋千模型

学生在学习编程

学生在现场汇报展示

第三节　保护校园的鸟类
——以设计制作喂鸟器为例 *

课程背景与目标

　　深圳市盐田区乐群实验小学坐落在美丽的东部沿海，校内风景宜人、古树环绕，有大量鸟类在此栖息繁衍，是一个生态和谐的百年老校。然而特殊的地理位置也让校园经常遭遇暴雨甚至台风天气。有一天，同学们在暴雨过后的草丛里发现了一只受伤的小鸟，不知所措的他们急忙找到老师求救。经过这件事以后，他们产生了"要给鸟儿建造一个温暖的家"的想法。学生的想法得到了王校长的支持，喂鸟器课题研究小组应运而生。本课程通过让四年级学生实地调研、运用多种方法去认识鸟类、研究工程设计与制造喂鸟器产品、美化推销喂鸟器这样一个过程，使学生在对问题逐层分析和逐步解决的过程中获得知识。在探讨新问题的切入点的过程中，本课程培养学生的创新能力与创造能力。同时，通过动手制作，让学生体会科学与工程在实际生活中的融合方法，培养学生对工程设计的认识。

课程领域

　　工程设计、科学、美术、语文

建议年级

　　四年级

建议课时

　　9 课时

教学过程

一、情境导入（建议 1 课时）

（一）本课主要内容

鸟类是人类的好朋友，四年级学生对鸟类非常感兴趣，而盐田区因特殊

---

　　* 本案例由深圳市盐田区乐群实验小学提供，宋铮、王毅、曹晓丹共同执笔。项目组主要成员有王树宏、王锐、宋铮、王毅、李君、曹晓丹等。

的地理位置经常遭遇暴雨甚至台风天气，给鸟类栖息繁衍造成了严重影响。本课由生活中"鸟儿无家可归"的情景顺势引出本项目的活动目标——设计制作喂鸟器，并介绍 STEM 项目的含义及特点，同时构建学习小组，为后续研究性学习的展开打下良好的基础，激发学生的探究欲望。

（二）教学目标

1. 了解 STEM 课程的含义，使学生了解 STEM 课程的重要性。激发学生对 STEM 课程的兴趣。

2. 通过同学们自己寻找生活中与科学、工程设计和数学有关的内容，把握 STEM 的内容。

3. 学生知道保护鸟儿的方法，明确本项目的产品成果——设计制作喂鸟器。

4. 学生初步了解工程设计的过程及方法。

5. 建立良好的课堂管理机制，使学生明白人与人之间应该相互尊重。

（三）教学实施的程序

环节	教学内容	教师组织和引导	学生活动	教学意图
师生自我介绍	教师自我介绍和破冰行动。	教师自我介绍（板书名字），强调课堂纪律。	倾听教师的要求。	破冰之旅，让师生之间逐渐熟悉，培养学生的团队合作意识。
	操作难点解析：　陌生的团队、陌生的教师，进行自我介绍与分享是熟悉彼此的快速方式。			
初步介绍	介绍评估方法。	教师介绍评估办法：1. 获得贴画的标准。2. 贴画兑换时间及管理。3. 贴画兑换流程及等级划分。4. 奖品设定及积分使用。	了解贴画评估方法。	通过贴画积分的奖惩方法，有效管理课堂纪律，调动学生的学习积极性。
	介绍喂鸟器项目。	1. 听一段鸟叫音乐，引起对鸟儿的兴趣。2. 视频播放：暴雨中鸟儿淋湿翅膀、坠落草丛、无家可归的画面。3. 引发问题：鸟儿是我们的朋友，我们如何来帮助鸟儿？学生汇报方法。4. 明确本项目的任务：设计制作喂鸟器。5. 讨论：这个项目涉及哪些学科，我们需要哪些人的帮助？	学生汇报帮助鸟儿的方法，明确本项目的任务：设计制作喂鸟器。	让学生初步了解喂鸟器项目，思考项目涉及的学科知识。

（续表）

环节	教学内容	教师组织和引导	学生活动	教学意图
初步介绍	**操作难点解析：** 　　四年级学生对数学运算和生活中的问题已有基本认识，但是没有接受过STEM课程，对其中的工程理念还很陌生，可以向他们做简单介绍，让他们觉得STEM课程会是很有意思的一门课。			
总结	组织前测。	前测要求：认真作答，安静作答。	填写前测问卷。	了解学生基本情况。
课外拓展	布置课后任务。	让学生回家了解有关资料，准备下节课材料。	查找资料。	为下一节课做准备。
	操作难点解析： 　　教师要在课堂上激发学生对鸟儿的喜爱之情，将本项目的主要任务——设计制作喂鸟器转化为内驱问题。			
课件下载				

二、职业体验（建议1课时）

（一）本课主要内容

在上节课的学习中，我们已经对本项目的主要任务有了初步的认识，知道了这个项目涉及科学、美术、语文、工程设计等学科。本课，学生在已有认知的基础上通过"请进来，走出去"多种途径体验与设计制作喂鸟器相关的职业，激发学生对鸟儿的喜爱之情及主动探究问题、解决问题的欲望，培养学生的社会责任感。

（二）教学目标

1. 学生能够对园丁、木匠、建筑设计师等相关职业产生兴趣。

2. 学生能够了解喂鸟器与园丁、木匠、建筑设计师等相关职业的联系，能站在从业者的角度思考如何科学合理地制作喂鸟器。

3. 学生能够自主思考园丁、木匠、建筑设计师等相关职业在社会中的责任及贡献。

4. 学生能够在体验中主动思考，并提出与设计制作喂鸟器有关的问题。

（三）教学实施的程序

环节	教学内容	教师组织和引导	学生活动	教学意图
导入话题	职业猜想。	1. 上节课中，同学们已经对喂鸟器项目有了一定的认识，知道了这个项目涉及科学、美术、语文、工程设计等学科，请同学们思考：什么职业与设计制作喂鸟器息息相关呢？ 2. 今天我们就去了解与设计制作喂鸟器相关的职业：园丁、木匠、建筑设计师等。 3. 小组讨论，准备现场采访的问题。	学生思考与喂鸟器项目相关的职业。 分组讨论现场采访的问题并记录下来。	让学生从从业者的角度来考虑如何设计制作喂鸟器。培养学生提出问题的能力。
	操作难点解析： 　　学生可能猜不出职业，教师要适时引导。			
职业分享与体验	职业分享。	今天，我们邀请了深圳市盐田区东海家居建材广场的室内建筑设计师和木工师傅来到我们项目组，与我们分享他们的职业体验。 建筑设计师分享房屋设计工程中需要注意的事项，木工师傅分享如何让家具实用、美观的经验。 现场互动：学生提问与喂鸟器有关的图纸设计、喂鸟器制作等方面的问题。	学生现场提问、互动、记录。	加深学生对室内建筑设计师和木工师傅的职业体验。培养学生提出问题、现场记录的能力。
	现场参观。	现场参观学校园丁的工作情况。学生现场采访园丁，了解校园鸟儿的种类、生活习性等相关知识，及时记录问题答案。组织学生有序回教室。	学生参观园丁工作情况，现场提问、互动、记录。	激发学生认识鸟类的兴趣，培养学生的采访能力、提取关键信息的能力。
	操作难点解析： 　　学生在设计现场采访时，可能提出与项目无关的问题，教师要及时引导。			

（续表）

环节	教学内容	教师组织和引导	学生活动	教学意图
总结拓展	总结分享。	在今天的参观及采访活动中，同学们对鸟儿、对喂鸟器项目、对身边的一些看似平凡的职业，一定有了新的认识，请大家将参访及记录稿整理完善，写一篇职业体验感悟的小作文。课后观察身边的鸟类，上网收集相关资料。	结合参观及采访记录，写一篇职业体验感悟的作文。	培养学生的收集处理信息的能力、写作能力。
	操作难点解析：　让四年级学生对园丁、木匠、建筑设计师这些与设计制作喂鸟器相关的职业进行深度体验是本节课的主要目的，相关从业人员的分享至关重要，教师要提前与他们介绍本项目，让他们在介绍及分享时紧扣项目的主题。			
	课件下载			

三、科学探究（建议 2 课时）

（一）本课主要内容

本课的主要内容是了解有关鸟类的一些知识，包括一些专业的词汇练习。由于我们是制作喂鸟器，需要对鸟嘴的形状比较了解。所以，在本课有一个有关鸟嘴的实验，探究鸟嘴的形状与其力量大小的关系。

（二）教学目标

1. 根据鸟的身体结构特点了解可应用领域，熟悉、理解适应性特征、栖息地、物种等概念。

2. 学会使用数学推理，完成推理练习，通过数学推理训练学生的推理思维。

3. 通过词汇理解，培养学生分析、概括动物的适应性特征的能力。通过分析鸟类适应性特征，使学生学会正确关心动物的方式，树立科学合理的认知观。通过鸟类的视频、图片直观了解鸟的特征，激发学生学习兴趣。通过鸟嘴小实验培养学生的观察分析能力，形成给鸟喂食的初步认识。

4. 通过数学推理启发学生对喂食鸟类的思考，形成爱护动物的意识。

（三）教学实施的程序

环节	教学内容	教师组织和引导	学生活动	教学意图
创设情境，导入新课	导入话题。	图片导入：课件出示各种好看的鸟类图片。根据上节课任务完成情况，请1—2个同学介绍他们所调查的鸟类。	观看图片，介绍和倾听。	将学生的注意力吸引到鸟类的话题上。
	认识蜂鸟。	教师提问：让我们一起来认识一种很特别的鸟儿，播放视频。视频中主要介绍了哪一种鸟？它有什么特点？	猜想回答：蜂鸟（hummingbird），鸟嘴很尖，可以到树里捉虫子。分组讨论，回答蜂鸟的特征。	激发学生认识鸟类的兴趣，培养学生的观察能力及概括能力。
	操作难点解析：　　学生对鸟类的认识程度不一，有些还只停留在鸟会飞的层面，教师要适时的引导。			
聚焦问题	词汇辨析。	教师引导：请同学们猜想什么是适应性特征、栖息地、物种。教师引导学生进行小组讨论：鸟类的哪些身体结构和行为特征有助于它们满足在栖息地生存的需求呢？	根据教材，猜想、讨论并分析什么是适应性特征、栖息地和物种。讨论、交流、汇报。	培养学生举一反三的分析推理能力和归纳总结能力。
	操作难点解析：　　注意讨论的充分性。			
鸟嘴实验	拓展：鸟类特性的应用。	教师还要介绍一种特殊的鸟类，猜一猜这种特殊的鸟类是什么呢？播放"机器鸟"视频，提问：视频中用到了鸟类的哪些特征？我们学习鸟类的特征之后，还可以应用到哪些领域？对我们的生活有什么意义？	猜想回答。了解仿生机械。	理解学习鸟类特征的意义，了解其应用领域。

（续表）

环节	教学内容	教师组织和引导	学生活动	教学意图
鸟嘴实验	实验导入。	教师绘制红衣凤头鸟及苍鹭的鸟嘴，观察鸟嘴的大小、形状有什么不同。提问：你认为哪一种鸟嘴能把种子夹碎？为什么？	观察、猜想回答。小组讨论交流。	让学生通过观察知道苍鹭、红衣凤头鸟的鸟嘴差别。
	准备实验。	展示实验材料，开展实验。提醒操作要点：时间20分钟，分组实验。木棒粘住衣夹的胶水不可过多。教师引导学生做好组内分工，记录实验过程和结果，思考并回答实验结果。	了解实验器材。学生进行实验。	了解实验器材的用途、实验目的及实验注意事项。
	开始实验。	观看各小组的实验操作，给予适当指导。引导学生解决实验中遇到的问题，如：如何模拟鸟嘴？实验完毕后进行小组汇报。分享、改进实验方法，再次实验。	实验操作、记录，得出结论，思考并解释实验结果。提出具体操作问题。	通过动手实验，获得直观感受。
	实验结果。	苍鹭的嘴能否夹起吸管？能否挤压吸管变形？红衣凤头鸟的嘴呢？通过实验，你得出什么结论？实验结果：红衣凤头鸟嘴能使吸管挤压变形，苍鹭不可以。分析实验结果：鸟嘴形状不同，能吃的食物也不同。有些鸟嘴只能吃特定的食物，有些鸟是杂食性的，适合吃多种食物。	猜想回答。记录实验结果和结论。总结并记录实验结论表达实验结果，说明问题。	通过"哪种鸟嘴能夹碎种子"实验，动手操作、观察对比得出实验结论：鸟嘴与捕食的联系。

操作难点解析:
　　器材要提前准备购买，最好保证2人一组器材。注意实验的严谨性。

（续表）

环节	教学内容	教师组织和引导	学生活动	教学意图
拓展与总结	数学推理。	在日常生活中，不是事事都依赖亲自尝试，我们常用数学推理来证明或解释某些现象。例如：观察鸟类从喂鸟器取食次数，运用推理可得出某种鸟类使用喂鸟器的原因。请说说你运用数学推理解决问题的经历。数学推理题训练。采用抢答赛评分，予以适当奖励。	举例说明数学推理解决的问题。分组抢答数学推理题。	让学生初步理解数学推理的含义和用途。利用抢答赛的方式来激发学生参与的积极性。
	课堂小结。	观察——我们生活周围的鸟儿们都吃哪些食物？思考——在制作喂鸟器的过程中，哪些部分可以用数学推理得出结论、解决问题？布置分配课后任务：设计相关海报、手抄报或PPT。	将自己的观察与同学交流，思考喂鸟器项目中数学推理的运用。设计相关海报、手抄报或PPT。	课堂总结及运用。

操作难点解析：

　　数学推理在生活中运用非常广泛，四年级学生对此已有基本认识，但还不系统。本节课通过专门的训练来培养学生运用数学推理解决问题的能力，因此数学推理训练题的设计非常重要。

课件下载	

四、工程制作（建议 2 课时）

（一）本课主要内容

本课是喂鸟器项目中的核心课时之一，主要内容是设计制作喂鸟器，让学生进一步了解工程设计过程。在本课时中，首先让每一个学生设计一种方案，小组讨论交流后达成共识，确定一种可行的方案在全班进行交流。交流过程中，分析评价喂鸟器模型。

（二）教学目标

1. 知识与技能

（1）根据喂鸟器项目确定喂鸟器制作的相关问题，了解鸟的特性并确定所要喂食的鸟类。

（2）能利用图表、绘图、测量等方式研究问题，获得解决问题的设计方案。

（3）通过观察实验现象和记录实验数据，能分析实验结果，能直观感受到所测试喂鸟器的优缺点。

（4）根据互评交流方式，能分析与评价产品原型，进而进行改进。

2. 过程与方法

（1）通过构思草图及相关思考提出项目开展需要研究的问题，获得解决方法。

（2）通过图表调查、测量、绘图等方式研究问题，确定喂鸟器的设计方案。

（3）通过互评模式，同学们学会分享交流进而拓宽设计思路。

（4）通过思维导图，了解整个制作步骤，反思项目中的科学方法与设计过程。

3. 情感态度与价值观

（1）通过初步研究喂鸟器的制作过程，形成保护鸟类、爱护动物的意识。

（2）培养学生工程设计的思维和技能。

（3）通过测试原型喂鸟器，同学们明白工程上重复实验检测的必要性，体会工程设计的过程。

（4）通过同学之间的交流分享，进行思想碰撞，明白这是一种良性互动的过程。

（三）教学实施的程序

第一课时

环节	教学内容	教师组织和引导	学生活动	教学意图
回顾旧知	知识回顾。	同学们，在前面几个课时的学习中，我们都收获了哪些知识？这些知识对我们设计喂鸟器有什么启发？为了能做出一个喂鸟器，我们接下来应该做什么？	回顾之前的课堂活动。小组讨论交流。	学生通过回顾之前的学习过程，将所学知识结构化。通过对喂鸟器设计流程的讨论，引出工业设计的基本流程。
	操作难点解析：　前面的课时讨论已经构建起小组发言的模式。时刻引导小组活动人人有话说，人人都参与。			
设计图纸	工业设计的基本流程。	讲解工业设计基本流程中各个环节的概念。回顾：我们之前进行的几个课时从工业设计的角度来看，有哪些步骤？	将我们设计喂鸟器的过程与工业设计的基本流程联系起来。	引入工业设计的基本流程这一概念。
	设计多种可能的解决方案。选择一种可能的解决方案。	请每一个同学都为自己选择的一种鸟儿设计一个喂鸟器，画出草图。要求标明需要用到的材料以及尺寸。请小组内讨论确定一种喂鸟器。小组内由组长协调，教师从旁协调。提出新的问题，要求同学们在原来的喂鸟器的基础上进行完善。	设计自己的喂鸟器。讨论确定小组要制作的喂鸟器的最终方案。完善喂鸟器的设计。	头脑风暴。讨论选择最佳方案并画图，为建造模型做准备。培养交流协作的意识。
	操作难点解析：　小组的设计方案通过激烈的讨论得出，每个人都要设计自己心中的喂鸟器，但是小组最后只能呈现一个。			

（续表）

环节	教学内容	教师组织和引导	学生活动	教学意图
分享 总结	课堂分享。	对同学们的表现进行点评，强调团队协作意识。课上没有完成设计的，小组可在课后讨论完成。 发布任务单：请同学们自备所需材料，下节课带到学校用来制作喂鸟器。	倾听教师对自己小组的点评，及时反思。 准备制作喂鸟器所需的材料。	为下节课制作喂鸟器做准备。
课件下载				

第二课时

环节	教学内容	教师组织和引导	学生活动	教学意图
回顾 设计 过程	回顾工程设计过程。	带领大家回顾工程设计过程，思考我们在制作喂鸟器的整个过程中所运用的知识点，在黑板上记录学生的回答，并组织成一幅完整的思维导图。重点强调今天所讲内容是设计并建造原型、测试原型。	认真听讲。	加深学生对工程设计过程的理解。
操作难点解析： 回顾设计，梳理思路。				
工程 制作	设计并建造原型。	1. 选择材料。 2. 安全提示：安全使用工具（刀子、剪刀）；小组分工明确、相互配合、不得打闹；需要用到胶枪、锯子、电钻时，可以到讲台左侧找教师帮助使用；注意保持良好秩序，有序进行。 3. 在学生制作过程中，教师要不断巡视引导。	学生动手实验，小组间互相配合。	培养学生的动手实验能力、思考能力、创造力以及团队协作能力、沟通能力。

（续表）

环节	教学内容	教师组织和引导	学生活动	教学意图
工程制作	测试原型。	把喂鸟器装置在户外，观察五天。你可自行决定每天的观察时间，例如每天多少次，定时或随机，每次多少分钟，看看有没有鸟儿取食，并记录观察结果（填写在小组记录单上）。	在室外选择一个地方装置喂鸟器，并利用课后观察记录鸟儿取食情况。	项目在课下的延伸探究。
	操作难点解析： 　　小组分工，提高效率。小学四年级学生已经能画出基本的设计草图，对喂鸟器的制作方法有了基本的了解，能认识到自己设计的优缺点。但是对模型的制作、材料的选择、喂鸟器在制作过程中会遇到的问题仍没有清晰的认识。通过让学生运用工程设计制作喂鸟器，可以激发他们的学习兴趣，培养他们的科学素养。			
评价拓展	布置活动作业。	布置下节课活动内容： 1. 需要同学们准备好喂鸟器模型和设计图纸，进行项目展示。 2. 讲解考核标准和评比细则。 3. 每组挑选一名同学担任评委，指定评比标准。 4. 准备下周的产品发布会。	准备产品发布会，了解评价要求。	为发布会的顺利进行做铺垫。
课件下载				

五、汇报总结（建议 1 课时）

（一）本课主要内容

在喂鸟器项目式学习成果展示过程中，有机融入美术、语文学科内容，学习推销产品及美化产品的方法，进一步完善、优化自己的产品，并尝试进行现场推销。通过项目式学习让学生形成能接纳他人观点、完善自己作品的探究性学习态度，培养学生收集、处理信息的能力，培养学生的动手实践能力，培养学生准确表达观点、自我评价与调整的能力，以及注重小组合作、探究的能力。

（二）教学目标

1. 让学生学习产品推销及设计广告词的方法，并能现场推销产品，培养表达能力、创造能力、合作能力、沟通能力。

2. 让学生学会与人合作、与人交流的能力，给学生产品推销的初步体验，感受成功的快乐。

3. 让学生了解喂鸟器的功能特点，通过欣赏、观察身边的建筑造型与设计，学习合理运用多种手工材料，使作品具有一定的立体表现力和创造力。

4. 让学生使用纸黏土、草皮、花卉、砂石等 DIY 材料，结合搭建微观建筑房屋的形式，让喂鸟器模型具有形式美和设计感，从而提高审美能力和审美情趣。

5. 让学生通过小组回顾项目式学习的体验与收获，对项目过程、方法和结果进行反思，做出自我评价与调整。

6. 让学生通过听取其他小组的汇报，反思本组作品存在的不足，并能够对自己的作品进行修改。

7. 让学生通过思维导图，对喂鸟器项目式学习进行整体的回顾。

（三）教学实施的程序

环节	教学内容	教师组织和引导	学生活动	教学意图
回顾过程，导入新课	项目式学习活动回顾。	1. 明确本课活动内容：春生夏长，秋收冬藏，又到了收获的季节了，今天我们就来办一场盛大的产品发布会。 2. 按照课前的分工，同学们可从不同的角度来进行分享，对喂鸟器项目做一个简单的梳理。	学生分组从项目主题、招募成员、组建小组、调查研究、设计图纸、初步制作展示等方面进行回顾。	引导学生对项目的实施进行回顾，培养学生的总结、反思能力。
	操作难点解析： 　　小组成员要提前想好分享内容，提高课堂效率。			

环节	教学内容	教师组织和引导	学生活动	教学意图
美化、口语交际	美术学习：产品美化。	1. 过渡：喂鸟器已经做好了，这样的喂鸟器你满意吗？就像拔地而起的万丈高楼，框架建好了，还得进行装修。这一方面请美术老师做指导。 2. 生活中的房子是由什么材料建造成的呢？学生自由发言后，课件出示生活中的房子图片。这些房子给你们怎样的感受？你比较喜欢哪个造型的房子？ 3. 出示装饰喂鸟器的材料实物，小组讨论：你们会选择用什么材料来装饰你们小组的喂鸟器？ 4. 小组合作：美化喂鸟器。	学生汇报，小组讨论选择什么材料来装饰喂鸟器。 小组合作：现场美化喂鸟器。	培养学生的合作能力、动手操作能力、审美能力。
	语文学习：产品推广。	1. 示范引路，学习推销。（1）如何把我们的产品成功地推销出去，这可是一门艺术。同学们，你们在生活中积累了哪些推销的好方法，可以与大家分享吗？（2）学生自由发言。（3）教师出示"推销秘籍"三招：内容有亮点，态度要热情，形式要新颖。 2. 小组合作，练习推销。要求：运用本节课学到的推销绝招，小组成员共同商量如何推销本组制作的喂鸟器。模拟推销过程。 3. 展示交流，现场推销。（1）举行"喂鸟器产品发布会"。（2）现场点评。 4. 设计广告词，现场投票。	学生分享自己了解的推销方法。 学生小组合作，练习推销，要求人人有任务。 学生小组合作，现场推销喂鸟器。 学生现场设计广告词，为本组的喂鸟器拉票。	培养学生的表达能力、创造能力、合作能力、沟通能力。

（续表）

环节	教学内容	教师组织和引导	学生活动	教学意图
美化、口语交际	**操作难点解析：** 　美化喂鸟器时要注意时间的把控，口语交际要给足学生讨论的时间，让组长分配组内每一位同学发言的顺序。			
总结	分享与评价。	今天的发布会到此告一段落。但是我们的项目式学习还远没有结束。之后大家还要把喂鸟器挂出去，用实践检验我们的作品。希望大家再接再厉，为营造生态校园出一把力。	学生将喂鸟器挂在校园里。	让学生体验成功的快乐。
课件下载				

六、评价反思（建议 2 课时）

（一）本课主要内容

喂鸟器产品发布会后，学生把喂鸟器悬挂在校园中，用实践来检验自己小组制作的喂鸟器产品是否合理。本课让学生根据平时的观察对自己的产品进行评价与反思，并提出改进及完善的建议。师生共同对整个项目进行整体的回顾、总结、后测及知识点的评估。

（二）教学目标

1. 学生对自己的喂鸟器产品进行评价与反思，并提出改进及完善的建议。这样可培养学生的判断能力、分析能力、反思能力。

2. 在教师的引导下，学生对整个项目进行整体的回顾、总结，再一次理解项目实施过程中的重要的知识点，并对小组及个人在项目实施过程中的表现进行正确的评价，对如何顺利实施项目进行反思，提高发现问题、解决问题的能力。

3. 对项目进行后测及知识点的评估。

（三）教学实施的程序

		项目教学		
	教学步骤	教师活动	学生活动	教学意图
教学过程	产品评价与反思。	1. 同学们，在喂鸟器产品发布会后，你们把喂鸟器悬挂在校园中，用实践来检验自己小组制作的喂鸟器产品是否合理。现在，请各组根据平时的观察，对本组的喂鸟器进行评价，可从优点与不足两个方面进行评价。 2. 我们如何来改进和完善自己的喂鸟器作品呢？ 3. 学生汇报后，教师相继进行点拨。	各组派代表汇报，对本组的喂鸟器产品有一个客观公正的评价。 学生汇报改进和完善喂鸟器作品的方法。	学生通过汇报交流的方式，学会客观地评价自己的喂鸟器产品，反思优点及不足。并且能根据实际需要改进并完善自己的作品。在这一过程中，培养学生的判断能力、分析能力、反思能力。
	项目评价与反思。	1. 同学们，到目前为止，我们的喂鸟器项目已经接近尾声，现在，请大家总结一下，我们在这个项目中都学到了什么（具体到知识点）？ 2. 如果从学科分类的角度，你觉得哪些是属于科学的知识，哪些是属于工程技术的知识？请同学完成表格，组内讨论，再请代表发言。 3. 你对顺利实施项目有什么建议呢？	学生汇报自己在项目中的收获。 学生对各环节、各知识点进行回顾、梳理、分类。 学生对项目顺利实施提出合理化的建议。	学生通过汇报交流的方式，对整个项目从知识点、学科划分、得失、建议等方面进行评价与反思。此过程提高了学生发现问题、解决问题的能力。
	小组及个人评价与反思。	在喂鸟器项目各环节的实施过程中，你们组及个人哪些方面做得好，哪些方面还存在不足？如何改进？课后把自己参与项目的感受写下来。	各组派代表汇报，总结得失。	学生通过汇报交流、写感受的方式，学会客观地评价自己及团队成员。

（续表）

项目教学			
教学步骤	教师活动	学生活动	教学意图
教学过程 项目总结及后测。	1. 教师对整个项目实施进行总结、颁奖。 2. 项目后测。 3. 课后完善喂鸟器作品。	学生通过独立完成项目后测。	通过总结、颁奖、后测的方式，对整个项目的实施进行评价与反思，激发学生参与项目式学习的兴趣，提高研究能力。通过完善喂鸟器作品，连接课堂内外，提高自己解决问题的能力。
成果与评价	个人成果： 写一篇喂鸟器项目感受的作文。		知识和能力的评价： 客观地评价与反思，正确表达自己的观点。
	团队成果： 完善喂鸟器作品。		知识和能力的评价： 团队合作精神及自己发现问题、解决问题的能力。
评价量表下载			

七、课程反思

（一）遵循 3SE 模式，严格规范项目流程

根据 STEM 课程实施的 3SE 模式进行课程的整合和设计是完成优质案例的必由之路，我们在设计教学流程时要按照 3SE"情境导入、职业体验、科学探究、工程制作、汇报展示、评价反思"这六个课程模块来进行，具有规范性和可操作性。当然，我们也可以根据学校及学生实际情况进行适当地调整和拓展，使其具有现实意义。

（二）把握主题，合理设计项目内容

STEM 课程是以提高学生能力、促进学生全面发展为最终目的。围绕一个共同的学习主题开展的跨学科合作学习，它打破了学科界限，把不同学科、不同领域的理论和方法有机地融合，其教学设计不仅需要好的主题，更需要切合的过程性设计来落实教学目标。因此，在选择主题时，既要考虑现行教材的教学内容，还要综合考虑多门学科之间的联系，同时要关注学生的生活经验及成长环境，在此基础上，各学科教师再个性化、多元化地设计包括课程目标、课程内容、课程实施、课程评价在内的课程教学方案。

（三）立足实践，切实培养核心素养

在 STEM 课程实施中，教师要立足学生主体，摆正位置，充当好引导者、组织者、参与者、合作者、评价者的角色。在方案设计、实施过程、项目总结等各个方面，教师要立足实践性原则，努力做到：选择一个主题，让学生自己去探究；发现一些问题，让学生自己去解决；创造一个机遇，让学生自己去把握；搭建一个平台，让学生自己去展示；腾出一个空间，让学生自己去锻炼。在制作喂鸟器的项目中，全体学生参与了项目主题的确定、进行了现场采访、收集了相关资料、亲自设计制作并修改完善喂鸟器等，通过这样的实践，学生将各学科技能进行了内化和外化，他们的信息处理能力、创新能力、思维能力、社交能力、协作能力等关键能力都得到了有效训练，核心素养得到了全面提升。

（四）有效评价，促进项目顺利实施

课程评价是课程实施过程中必不可少的环节，它在整体上调节、控制着课程实施的进程，保证了课程按照预定的目标前进。在喂鸟器项目中，过程性评价和终结性评价相结合的方式贯穿于整个活动。例如：在喂鸟器发布会上，我们利用评价量表进行小组互评和生生互评，又运用现场点赞的方式对学生的作品进行终结性评价，这些评价手段培养了学生的竞争意识、团队意识，提高了学生的学习积极性。

附：活动图片展示

喂鸟器发布会

小组作品（1）

小组作品（2）

小组作品（3）

小组作品（4）

小组作品（5）